小学生心理健康养成记

交❤上好朋友

聂振伟 王燕 赵丽丽 著

中国农业出版社

北　京

图书在版编目（CIP）数据

交上好朋友/聂振伟，王燕，赵丽丽著.—北京：
中国农业出版社，2022.4
（小学生心理健康养成记）
ISBN 978-7-109-29250-5

Ⅰ.①交… Ⅱ.①聂…②王…③赵… Ⅲ.①人际关
系学－少儿读物 Ⅳ.①C912.1-49

中国版本图书馆CIP数据核字（2022）第048027号

JIAOSHANG HAOPENGYOU

中国农业出版社出版
地址：北京市朝阳区麦子店街18号楼
邮编：100125
策划编辑：宁雪莲
责任编辑：刁乾超 文字编辑：屈 娟
版式设计：马淑玲 责任校对：吴丽婷 责任印制：王 宏
印刷：北京汇瑞嘉合文化发展有限公司
版次：2022年4月第1版
印次：2022年4月北京第1次印刷
发行：新华书店北京发行所
开本：700mm×1000mm 1/16
印张：10
字数：200千字
定价：39.80元

序言

　　小读者朋友，当你的目光被这套书精美的封面以及书中图文并茂的故事内容吸引，当你的手翻开这套书的时候，恭喜你长大了！

　　我们从小就渴望长大，长大就可以自己决定买心仪的玩具或文具，长大就可以自己决定学习的内容和学习的时间安排……

　　可是，长大也会有烦恼！

　　在我国第一条中小学生心理帮助热线中，我倾听过青少年朋友许许多多关于"长大烦恼"的求助电话，如学习竞争的压力、师生间的教学矛盾、学生小领袖的"夹板气"、与父母亲子关系的隔膜、思考自己为什么而活着的"小大人"的苦恼、被医生诊断抑郁后的焦虑、离家出走前的呼救……很多成长中的问题迫切需要知心朋友的指导、帮助。

　　这正是我写此书的初衷：在我有生之年，为正在成长的小朋友们多做一点事情。用我40多年掌握的教育学、心理学知识，30多年做热线志愿者的热情，以及自己心理咨询、督导的经历，培训全国大中小学教师及家长的经验，为学生和家长朋友们解决一点小烦恼。

　　阅读心理学书籍，能够提供让我们静下心来看世界、深入了解自己的机会。你慢慢地会发现，每个人的性格不同，学习潜力存有差异。怎样做更好的自己，与他人愉快地交流和相处，才是我们生活幸福的源泉，是我们的生命意义！

调整和发展自己的潜能，就是学习，就是生活，需要一生的努力！"小学生心理健康养成记"这套书将会从学习、情绪、交朋友、意志力和生命这几个角度出发，带领你体会和思考如何学习和生活，带给你更多发现自己的新视角。

家长朋友，在升学辅导资料充斥图书市场和家庭书架的今天，你能带着不满足于学校所教授孩子的知识、渴望陪伴孩子健康成长的愿望，发现这套适合您与孩子一起阅读、一起成长的书籍，我由衷地为您和孩子高兴。

心理健康的终极目标是协助儿童、青少年了解自己、保护自己、理解生命，进而捍卫生命的尊严，激发生命的潜能，提升生命的质量，实现生命的价值。从这个意义上说，心理健康是培养健全人格不可或缺的，是与学科知识并驾齐驱的。它们如同战车的几匹马，都是人生健康成长的动力！

在青少年帮助热线中，不少家长朋友倾诉诸多生活中的育儿难事，我在倾听中了解到朋友们渴望提升与孩子沟通的技能。因此，这套书在主动引领孩子提高应对问题的能力的同时，也努力为家长朋友提供亲子交流的契机。

教育发展的历史告诉我们：身教重于言教！陪伴孩子学习，一起阅读，一起思考，用生命陪伴的历程写就属于您与孩子的故事，使孩子的智慧无限延展，进而成为孩子终身受益的宝贵财富。同时，帮助您在繁忙的工作之余，静下心来看世界，深入了解自己，觉察我们与孩子的关系、与他人的关系。

祝愿家长与孩子一起阅读，一起"共事"，一起分享感受，一起快乐成长！

你们的朋友

北京师范大学心理咨询中心　聂振伟

2022.2.19

目 录 CONTENTS

第一章

我的"朋友圈"
由什么决定

与人交往中，彼此需要
保留物理空间和心理空间吗？
保留到什么程度合适？朋友之间来往
越多，感情越好吗？人与人之间的关系
受到哪些因素的影响？也许你还有很多疑
问，赶快打开本章看看吧。本章将带你
了解更多影响你人际关系的因素，带
你学习如何建立适合自己的
"朋友圈"。

距离合适，
你开心，我也开心

　　果果当选为班级本学年的班长，大家都为她开心。果果的内心燃起了强烈的责任感，她默默地对自己说："同学们这么信任我，我一定要尽到责任，多多关心同学，和大家一起努力，争取这个学期拿下'优秀班集体'的荣誉称号！"

　　果果这样想，也是这样行动的。可是最近她发现，同学们都和她有些疏远了。她心里很难过，不知道这是为什么。明明自己非常努力地想要把每件事情都做好，难道自己做错了吗？

　　为了弄清楚心中的疑问，果果找到学校的心理老师王老师聊一聊，这一聊可让果果豁然开朗。原来王老师给果果讲了很多有趣的小故事和人际相处的小知识！你一定很好奇吧？

　　别着急，让我们先看看果果的故事，想一想，为什么同学们都不愿意和她一起玩了，看看你能不能发现其中的秘密！

心灵故事汇

　　森林中住着十几只刺猬，它们愉快地生活着。寒来暑往，今年的冬天来得比往年更早一些，而且天气异常寒冷，小刺猬们冻得瑟瑟发抖。它们如果再不想办法，就要冻死了。于是，在一个飘雪的寒夜，它们为了取暖紧紧地靠在一起。很快它们就各自跑开了，因为它们紧紧靠在一起时，忍受不了彼此的长刺。天气实在太冷了，它们想要靠在一起取暖，然而靠在一起时的刺痛又使它们不得不分开。刺猬们就这样反反复复，分了又聚，聚了又分，不断地在受冻与受刺伤两种痛苦之间挣扎。在挣扎中，它们渐渐发现还有一个适中的距离，保持这个距离，就可以既相互取暖，又不至于被彼此刺伤。

这是一个古老的西方寓言故事。它告诫人们相处之时要学会保持距离，只有适当的距离才会使人愉悦。它强调的是人际交往中的"心理距离效应"，人们需要一定的自我空间、适当的空间距离与合适的心理距离。

懂得这一点，可以让我们与周围人的相处更加融洽。

|能量补给站|

人与人之间的距离是否适当，受到哪些因素的影响呢？

1.文化背景差异

不同的国家和民族有各自的文化和习惯。在同与我们文化背景不同的人打交道前，我们需要了解一些对方的文化和习惯，并学会尊重，也可以将我们的要求和习惯告诉对方，这样有利于相互之间建立良好的关系。

2.性格差异

一般来说，性格开朗的人愿意主动去接近别人，他们需要的自我空间较小，与人接触时距离较近；而性格内向、孤僻的人对其他人比较敏感，与这种性格的人相处时，接触的距离可以相对远一些。

3.对心理空间的需要

心理距离无法用工具测量，也无法用数字标出来，但可以用心感知。

我们与人交往，哪怕是与最亲密的人交往，有时需要彼此保留一定的心理空间。具体我们要做到：不随便打听别人不愿意告诉你的事，不追问他人的秘密等；同时，可以适当暴露自己的情况，但不适合过度暴露。

要学会保持合适的心理距离，只有适当的距离才会使人愉悦。

看到这里你应该明白了，虽然果果在当上班长之后尽职尽责，但是有些行为其实越过了别人的心理空间，时间久了，次数多了，别人不舒服的感觉就会越来越明显，对待果果的态度也逐渐发生了变化。

我们该如何调整与人交往的心理距离呢？

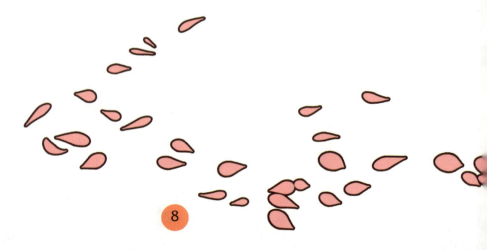

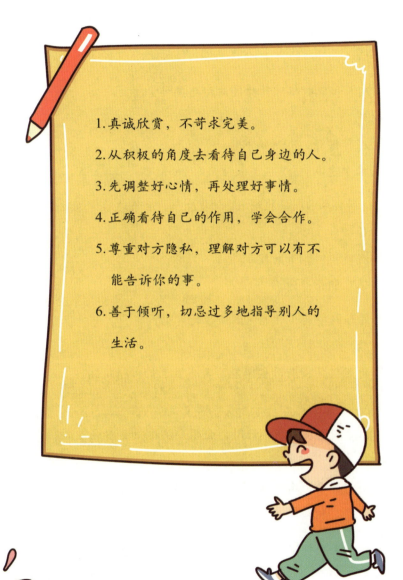

1.真诚欣赏，不苛求完美。

2.从积极的角度去看待自己身边的人。

3.先调整好心情，再处理好事情。

4.正确看待自己的作用，学会合作。

5.尊重对方隐私，理解对方可以有不能告诉你的事。

6.善于倾听，切忌过多地指导别人的生活。

自我成长屋

下面是一份小测试，大家来测一下，看看你是不是人气超旺呢！

1.别人和你打招呼时你能立即应答吗？

A.能

B.有时候能，有时候不能

C.很少能做到

2.你的要求被朋友拒绝了，你很生气，生气过后你还能原谅他吗？

A.能

B.有时候能，有时候不能

C.不可能原谅他

3.你和同学交往时能做到面带笑容吗？

A.能

B.有时候能，有时候不能，看我自己的心情决定

C.不能，我不喜欢笑

4.你看到朋友心情不好时，会想办法逗他开心吗？

A.会

B.有时候会，有时候不会，看我自己的心情决定

C.不会，他心情不好跟我没有关系

5.别人发言时你能做到认真倾听、不乱插话吗？

A.能

B.想这样做，但是有时候管不住自己

C.很少能做到

6.朋友比你表现优秀的时候，你会不会嫉妒他？

A.不嫉妒，会替他高兴

B.有点嫉妒

C.非常嫉妒

7.你有困难的时候会向朋友求助吗？

A.经常会

B.有时会

C.从来不

8.你能接受别人善意的劝告吗？

A.能

B.有时能

C.不能

9.你喜欢参加班里举行的集体活动吗？

A.非常喜欢

B.不太喜欢

C.一点都不喜欢

10.你发现了同学的秘密，但是他不想让别人知道，你能帮他保守这个秘密吗？

A.一定能

B.不小心的时候会说漏嘴

C.忍不住要告诉其他人

计分方法

选 A 计 2 分，选 B 计 1 分，选 C 计 0 分。

题目	1	2	3	4	5	6	7	8	9	10	合计
得分											

测试结果

15 ~ 20 分：你是一个很受欢迎的人。

6 ~ 14 分：你的社交能力还可以。

低于 5 分：你需要加强人际关系的学习，提升人际关系。

　　如果你是一个受欢迎的人，祝贺你，并希望你永远如此。如果你的结果不那么令人高兴，也不要灰心，相信通过人际关系的学习，你会有所收获！

人生得一知己足矣

有时候你会发现自己和朋友之间的情感已经超出了一般所说的朋友程度，你不需要过多解释，对方就能感知你的心思，理解你的感受。这样的朋友，我们称之为知己。

"人生得一知己足矣，斯世当以同怀视之。"这是鲁迅送给瞿秋白的一副对联。对联的意思是：人的一生如果能够得到一个知己就满足了，今生今世都应当像至亲兄弟那样对他。这表达了知己的珍贵。

鲁迅先生一生交友甚广，但称得上知己的非瞿秋白莫属。在国民党政府将瞿秋白列为"共产党要犯"重点搜捕后，一天深夜，瞿秋白和杨之华来到鲁迅家，许广平热情地接待了他们，并请他们在鲁迅写作的大房间住下。过了几天鲁迅回来，非常满意她这样的安排，常在家中与瞿秋白漫谈到深夜。要知道，在当时，对于瞿秋白这样的"要犯"，一旦被国民党发现谁家藏匿他，那家人必定免不了牢狱之灾，甚至可能要被杀头。因此瞿秋白说，鲁迅在他危难之时保护了他。

心灵故事汇

　　春秋时代有个叫俞伯牙的人，精通音律，琴艺高超，是当时著名的琴师。他年轻的时候聪颖好学，曾拜高人为师，但他总觉得自己还不能出神入化地表现对各种事物的感受。

　　伯牙的老师知道他的想法后，就带他乘船到东海的蓬莱岛上，让他欣赏大自然的景色、倾听大海的波涛声。面对美景，他情不自禁地取琴弹奏，把大自然的美妙融进了琴声，琴艺渐入佳境，伯牙体验到一种前所未有的境界。忽听岸上有人叫绝，这个人就是樵夫钟子期。

　　当伯牙弹起赞美高山的曲调时，樵夫说道："真好！雄伟而庄重，好像高耸入云的泰山一样！"当伯牙弹奏表现波涛汹涌的曲调时，樵夫又说："真好！宽广浩荡，好像看见滚滚的流水、无边的大海一般！"

　　伯牙兴奋极了，激动地说："知音！你真是我的知音。"从此二人成了非常要好的朋友，并相约来年中秋再在此地相会。

　　第二年中秋时节，伯牙如期而至，没料想此时钟子期已经不幸去世。后来，伯牙在子期的坟前抚琴而哭，弹了一曲《高山流水》，曲终，以刀断弦。

🌀 |能量补给站|

什么是"知己"呢？

知己是朋友之间交往的最高境界，他们相互之间不仅沟通顺畅，也很容易达到一致意见，即"心有灵犀一点通"。

心理学认为，相似性是人际吸引的重要因素，它包括年龄与性别、社会地位、经济状况、教育水平、职业、籍贯、兴趣、信念、价值观、态度等的相似，其中态度、信念和价值观是最重要的因素。

1961年，社会心理学家纽科姆做过一个实验，对态度相似程度与吸引力的关系进行了研究。他找到了17个不相识的大学新生，先测定他们对社会问题的态度、价值观以及他们的个性特征，将具备相似特征的人混合安排在几个寝室里。在之后的16周中，定期对他们进行测试，并让他们评定这几个寝室的人员，如喜欢谁，不喜欢谁。结果表明：在相处的初期，时空距离决定他们的吸引力；到了后期，则是态度、价值观越相似的学生相互间吸引越大，要求住在同一寝室。

为什么彼此相似度高的人容易成为"知己"？

1.相似度高的人多愿意参加类似的活动，在活动中交往的机会自然较多，这样既能接近彼此，又能增加彼此的吸引力。

2.由于彼此情投意合，在一起能找到共鸣的能力、感情和信仰，能维护和提高双方的自尊心，因此，互相吸引。

3.相似度高的人相互沟通比较容易，误会和冲突比较少，即使本来并不熟悉，也比较容易消除陌生感，从而形成较强的吸引力。

|自我成长屋|

你在生活中有自己的"知己"吗?

如果有,请在下表中列出你与他的相似性吧。

我与_____的相似性			
对比 内容	_____ (姓名)	_____ (姓名)	相似度
年龄			☆☆☆☆☆
家庭情况			☆☆☆☆☆
共同的朋友			☆☆☆☆☆
兴趣爱好			☆☆☆☆☆
价值观			☆☆☆☆☆

3 为什么 大家都喜欢他

班里选举优秀少先队员代表，名额只有一个，糖豆特别期望自己能当选。最后选举结果出来，他比天天少了10票。糖豆很失落，他不明白，自己和天天学习都很优秀，为什么那么多同学都选了天天呢？

糖豆的爸爸妈妈开导他，让他在纸上列举了天天的很多闪光点，妈妈说这就是"人格魅力"。

如果一个人获得了很多人的认可，那你一定能在他身上发现一些闪光点！

心灵故事汇

　　周恩来总理是我国伟大的无产阶级革命家、政治家、军事家、外交家，党和国家主要领导人之一。周总理是一位极具人格魅力的人，他的人格是无比高尚的、伟大的。人民爱戴周总理，连周总理的对手也对他无比敬重。

　　周总理的人格魅力体现在许多方面，如仁爱、牺牲和宽容等。

　　1956年7月，周总理不顾酷暑来到炼钢厂视察工作。在车间时，被高温热出汗来的周总理赶忙问："这里的温度有多高？"车间负责人说道："40多摄氏度。"周恩来说："我到过热带地区，那里最高气温也有40多度，可没你们这里热。"接着，周总理便对炼钢厂的厂长说道："你们要关心工人的疾苦，要做好防暑降温工作。"此后，炼钢厂里面多了许多风扇，用来给工人们降温。同时，炼钢厂专门为工人们设立了冷气休息室，给工人们供应冰镇饮料和发放高温保健食品等。

　　周总理定有"十条家规"，除了要求自己，也同样要求家属、部下和身边的人。周总理办公和居住的中南海西花厅外，便是14路公共汽车站，每天都十分吵闹，于是有人提出将公共汽车站挪走。周总理却说，我们做事情要从人民方便的角度出发，他不同意将车站挪走。直到今天，14路公共汽车站依旧设在那里。

1976年1月8日，周恩来总理因病与世长辞。联合国为悼念周总理，特意将联合国旗降了半旗。

周总理的人格魅力是超越时空的。今天，周总理已经离开我们很久了，但时间无法阻止我们时常想起他、提到他，他亲切自然，活在人民心中。

能量补给站

什么是"人格魅力"？

人格是人的性格、气质、能力等特征的总和。人格魅力则是指一个人在性格、气质、能力及道德品质等方面具有吸引人的力量。受欢迎的同学就是具备了一定的人格魅力，简单地说，就是他们身上具有足够吸引其他人的"闪光点"。

有利于和不利于人际吸引的特征请参看下面的"人际吸引力特征清单"。

有利于人际吸引的特征

1. 尊重他人，关心他人，有同情心
2. 热心集体活动，对工作负责
3. 耐心、诚实、谦虚、不自大
4. 热情开朗，喜爱交往，待人真诚
5. 有自己的独立性和自律性

不利于人际吸引的特征

1. 只关心自己，不尊重他人，喜欢控制别人
2. 不关心集体，做事糊弄、不认真
3. 不诚实，嫉妒心强
4. 对人淡漠，孤僻，不合群
5. 虚伪，固执，爱吹毛求疵

如何培养人格魅力，提升人际吸引力？

1

拓宽自己的知识面

有的同学外表不是非常出众，但是当你和他交流10分钟后，对他的钦佩和喜欢就会油然而生。这可能是因为他知识非常广博，对你产生了吸引力，展示了他的人格魅力。

2

心态积极，做事态度坚定

汉高祖刘邦没有渊博的知识，但他为什么有那么大的功绩呢？因为他坦白，能勇敢面对自己的不足；同时有一种面对人生的积极心态，心胸开阔，做事情有坚定的态度。这些品质自然能产生一种吸引力和气场，能吸引人自愿追随他，人格魅力由此体现。

3

培养坚定不移的品格

有的人遇到困难不易动摇，不抱怨，给人一种信念坚定的安全感和引领。坚定不移的品格不但促使他自己不断向着目标努力，而且会感染、影响到其他人，这就构成了他的人格魅力。

|自我成长屋|

    读了上面的"人际吸引力特征清单"，同学们受到什么启发了吗？你身上有利于和不利于人际吸引的特征都有哪些呢？

    下面为你准备了两份清单，一份进行自评，另外一份可以请朋友对你进行评价，看看你眼中的自己和朋友眼中的你有没有不同呢？也许能够帮助你发现一些自己没有意识到的优秀品质或者需要改进的特质哦！

在你眼中，自己的人际吸引力特征

有利于人际吸引的特征

尊重他人，关心他人，有同情心（   ）

热心集体活动，对工作负责（   ）

耐心、诚实、谦虚、不自大（   ）

热情开朗，喜爱交往，待人真诚（   ）

有自己的独立性和自律性（   ）

不利于人际吸引的特征

只关心自己，不尊重他人，喜欢操纵控制别人（   ）

不关心集体，做事糊弄、不认真（   ）

不诚实，嫉妒心强（   ）

对人淡漠，孤僻，不合群（   ）

虚伪，固执，爱吹毛求疵（   ）

在朋友眼中，你的人际吸引力特征

有利于人际吸引的特征

尊重他人，关心他人，有同情心（　　）

热心集体活动，对工作负责（　　）

耐心、诚实、谦虚、不自大（　　）

热情开朗，喜爱交往，待人真诚（　　）

有自己的独立性和自律性（　　）

不利于人际吸引的特征

只关心自己，不尊重他人，喜欢操纵控制别人（　　）

不关心集体，做事糊弄、不认真（　　）

不诚实，嫉妒心强（　　）

对人淡漠，孤僻，不合群（　　）

虚伪，固执，爱吹毛求疵（　　）

小朋友们，下面是一个心理小游戏，请你和朋友一起玩一玩，体验一下与朋友交流的乐趣。

循环相克令

游戏规则：

令词为"猎人""狗熊"和"枪"。

两人同时说令词，在说最后一个字的同时做一个动作。"猎人"的动作是双手叉腰，"狗熊"的动作是双手搭在胸前，"枪"的动作是双手举起呈手枪状。双方以所做动作判定输赢："猎人"赢"枪"，"枪"赢"狗熊"，"狗熊"赢"猎人"；动作相同则重新开始。

4 好朋友要天天黏在一起吗

糖宝与琳琳是一对好朋友，她们几乎整天都黏在一起，上课一起学习，放学一起玩耍。

这天晚上，糖宝有些不太一样，她吃完晚饭没有跑出去找琳琳，而是自己坐在沙发上翻看课外书。

妈妈有些好奇，问糖宝："你今天有些不一样哦，没有和琳琳约了一起玩吗？"糖宝若有所思，说："妈妈，悄悄告诉你，不知道为什么，这几天我觉得和琳琳一起玩的时候没那么有趣，想自己待一会儿。"

妈妈："原来是这样，看来你们已经懂得调节人际交往的频率了！"

小朋友，你知道什么是人际交往频率吗？

能量补给站

朋友之间是不是来往越多，感情越好呢？

答案是否定的。

心理学家研究发现，人际关系的亲密程度和人们在一定时间内见面的次数（即交往频率）有关系。它们之间呈倒U形的曲线关系。朋友间交往频率太高或者太低，都不利于亲密程度的提高。

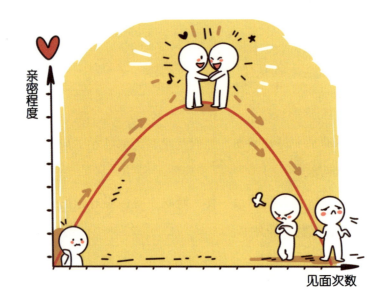

交往太少，朋友间的亲密度会降低，相信大家都能理解。为什么过多交往也不利于友情的保持呢？

这是因为，朋友间既有彼此依恋的需要，也存在身心自由的需要。我们与朋友如果总是黏在一起，可能什么事都寄希望于对方，就很容易产生束缚感。这种过多地依赖别人或被过度依赖而产生的束缚感，会让我们感觉不舒服，可能导致友谊关系的中止或破裂。

因此，我们和朋友相处的时候，适当的交往频率可以帮助我们维持友谊哦！

中国的传统文化中，有很多关于朋友间相处的至理名言。如《庄子·山木》中的"且君子之交淡若水"，意思是君子之交，源于互相的包容和理解，他们不苛求对方，不强迫对方去做什么事，因此在常人看来，他们的交往就像白水一样清淡。这句话讲的就是人与人之间要想保持和谐的人际关系就要保持适当的距离。

那么，到底是什么在促成我们和朋友之间的友谊呢？所谓"尺有所短，寸有所长"，有一个词叫作"人际交往互补"，说的就是人与人相处的时候需要长处和短处互补。

什么是"人际交往互补"？

在人与人的交往中，两个人如果对人生目的、态度、价值、理想及个人同社会的关系等问题的根本看法比较一致，而在才能、兴趣和需要等方面有所不同，就既会彼此欣赏，又能取长补短，相处比较舒服，做起事来也会比较和谐，这种现象就是"人际交往互补"。

"人际交往互补"对人际关系有什么影响？

美国社会心理学家舒兹发现，当人与人的特点或需要正好成为互补关系时，他们之间就会形成强烈的吸引力，这有利于互相扬长补短，形成良好的关系。例如，在一个兴趣小组中，有的人擅长想象，富有创造力，能大胆提出新的想法；有的人擅长设计，把想象和新想法转化为现实的设计；有的同学认真、仔细，善于动手操作，按照设计制作出成品。他们之间的合作就形成了一种互补关系——"智能互补"。因此，他们相互依赖，谁也离不开谁，关系比较紧密。

但是，互补性是有条件的，不是所有相反的特性都能互补。如高雅和平庸、庄重和轻浮等特质就很难互补。

❤ |心灵故事汇|

茫茫的大草原上，居住着许多动物，长颈鹿和山羊也不例外，两个骄傲的家伙常常暗自较劲。

一天，长颈鹿和山羊都想过一条河。对山羊来说，河水很深，但对于长颈鹿来说，这可不算什么。长颈鹿带着山羊渡过河后，神气地说："长得高好吧！"山羊很不服气。正好有一天，长颈鹿和山羊都想吃到牧场里的草，可是牧场只有一个低矮的入口。看见山羊悠闲地走进牧场吃草的样子，长颈鹿心里羡慕极了，忍不住问了一句："好吃吗？""当然好吃了！"山羊得意地说。接着，山羊又说了一句："长得矮好吧！"

牧场的主人是一个聪明人，他听到了长颈鹿和山羊的对话，说："长得高和长得矮都有着各自的好处，何必争来争去呢？"长颈鹿和山羊听了，都羞愧地低下了头。从此以后，他们取长补短，成了互帮互助的好朋友。

长得高和长得矮都有着各自的好处，何必争来争去呢？

自我成长屋

如何运用"人际交往互补"定律？

1 　　多方面了解他人

　　我们可以带着好奇心多方面了解一个人，慢慢就会理解他、体谅他、帮助他，然后彼此就会增进了解，甚至可能成为好朋友。

2 　　多发现他人的优点，取长补短

　　我们要注意发现别人的长处，多表扬、学习他的长处；对于他人的短处，我们要用对方能接受的态度和方式指出来并帮助他。

3 　　交往要讲究方式方法

　　不同的性格有不同的特点，我们可以针对不同的特点采取恰当的态度。如对待鲁莽的人，强调步骤，讲明理由，不急躁；对待行动迟缓的人，要有耐心等。

　　小朋友们，下面是两个心理小游戏，请你和朋友一起玩一玩，体验一下互帮互助的感觉吧。

游戏一："盲人"走路

游戏准备

在一块空地中布置一条有简单路障的道路，可以放几个简单的障碍物，比如小板凳、书本等；准备一个眼罩（或一块布）、一支拐杖（或用其他合适的物品替代）。

游戏规则

1.两位小伙伴一组，一个人用眼罩蒙上眼睛扮演盲人，另一人拄着拐杖扮演腿有残疾的人，两人相互扶持，安全通过障碍。

2.游戏结束，分享各自的恐惧和不安，同时表达对朋友帮助自己的感谢。

贴心提示

确保场地的安全，避免碰到桌角或者其他障碍物。

游戏二：一起做起来

游戏准备

鞋子、鞋带、剪刀、画好图形的纸（可以画自己喜欢的图形）

游戏规则

1. 两个小伙伴一组，两人分别拿着鞋带的一头，双方协作将鞋带系好（如果一开始系不好，可以多来几次。）

2. 两个小伙伴一组，一个人拿着剪刀剪，另一个人拿着卡纸，双方协作将图形完整剪下来。

3. 游戏结束，先表达对朋友帮助自己的感谢，再告诉对方你发现了对方的什么长处，也可以将你发现的对方的长处写在卡纸上送给对方。

贴心提示

系鞋带或拿剪刀剪纸的过程中注意安全。

第二章

朋友交往的
神奇效应

在与朋友交往中，你是
否发现自己对朋友的判断有时会受
到干扰？是否发现自己有时也会被他人
误解？其实这些情况不只发生在你的身
上，很多人都会有这样的困惑哦！心理学
家还为此做过很多相关的实验呢！想知
道其中的奥秘吗？本章就带你一起来
看看总是阻碍我们正确判断的
神奇效应吧！

1 第一印象重要吗

糖宝要参加学校组织的"科技小讲师"演讲比赛，前一天晚上妈妈和糖宝一直在做各种准备：复述演讲稿，找合适的服装，讨论明天早上梳什么样的发型……

妈妈嘱咐糖宝："你上台时要抬头挺胸，面带微笑；演讲时站姿端正，一定要先进行自我介绍，声音洪亮……"

一旁看书的糖豆不解地问妈妈："演讲的内容妹妹已经很熟悉了，还准备这些干什么？"妈妈耐心地说："给评委老师留下好的第一印象很重要！"

你听说过第一印象吗？你认为参加演讲比赛和留下好的第一印象有关系吗？和爸爸妈妈讨论一下吧！

心灵故事汇

关于第一印象，在我国古代就有记载。先秦左丘明所作《左传》中写道：聘于郑，见子产，如旧相识。《资治通鉴》中也写道：主上与将军风殊类别，一见倾心，亲如亲戚。如今，我们常常会用一些成语来形容第一印象，如一见如故、刻骨铭心等。

对于第一印象的重要性，最经典的故事莫过于《三国演义》中孙权和庞统的故事了。庞统是三国时期与诸葛亮比肩齐名的奇才，被鲁肃举荐给吴王孙权后，他前去面见孙权。

孙权看到庞统"浓眉掀鼻，黑面短髯，形容古怪"，心中先有几分不喜，又见他傲慢不羁，更觉不快。最后，这位广招人才的孙权竟把庞统拒于门外，尽管鲁肃苦言相劝，也无济于事。

浓眉掀鼻，黑面短髯，形容古怪！

你的才能和周瑜比如何？

我所学的东西和周瑜大不相同！

你先退下吧！

长得难看又傲慢，我才不会用他！

请大王三思。

心理实验室

看到这里，我相信你肯定对第一印象有了一些了解。那么第一印象到底是什么呢？带上你的好奇，我们一起来揭开第一印象的神秘面纱吧！

第一印象在心理学中也被称为"首因效应"，是一种主观判断，是我们在与他人第一次见面或交往时，彼此间留下的印象，这种印象会对彼此今后的交往产生影响。例如，我们认识新朋友的时候，会从他的谈吐、举止、长相、身材、衣着打扮等方面来判断其内在素养和性格特征，这会影响到我们与新朋友的进一步交往。同样，他人对我们也会有这样的第一印象。

关于第一印象还有特别有意思的实验研究：美国社会心理学家洛钦斯（A.S.Lochins）在1957年以实验证明了"首因效应"（即第一印象）的存在。

实验人员召集了被测试者并将他们随机分成四组。四组人通过阅读实验材料——描写主人公詹姆学习、生活中的两个片段式的故事，从而对主人公詹姆的性格做出判断。这两个故事的区别在于，故事1突出詹姆是热情而外向的人，故事2突出詹姆是冷淡而内向的人。

为了证明做出的判断是第一印象的作用，实验中还有一个关键的处理，就是四组人看到的故事顺序是有特别安排的。

四组人看到的故事顺序

第一组人——先阅读故事1，再阅读故事2

第二组人——先阅读故事2，再阅读故事1

第三组人——只阅读故事1

第四组人——只阅读故事2

问题：阅读了詹姆的故事后，你觉得他是个怎样的人？

故事1

詹姆走出家门去买文具，他和他的两个朋友一起走在充满阳光的马路上，一边走一边晒太阳。詹姆走进一家文具店，店里挤满了人，他一边等待着店员对他的注意，一边和一个朋友聊天。他买好文具向外走，途中遇到了熟人，就停下来和熟人打招呼，后来告别了两个朋友走向学校。在路上，他又遇到了一个前天晚上刚认识的女孩子，他们说了几句话后就分手告别了。

故事2

放学后，詹姆独自离开教室走出了校门，他走在回家的路上，路上阳光非常耀眼，他走在马路阴凉的一边。他看见路上迎面而来的是前天晚上遇到过的那个漂亮女孩。詹姆穿过马路进了一家饮食店，店里挤满了学生，他注意到那儿有几张熟悉的面孔。詹姆安静地等待着，直到引起柜台服务员的注意之后才买了饮料。他坐在一张靠墙边的椅子上喝着饮料，喝完之后他就回家去了。

实验结果是这样的：

第一组有78%的人认为詹姆是个比较外向的人；

第二组有18%的人认为詹姆是个外向的人；

第三组中有95%的人认为詹姆是外向的人；

第四组只有3%的人认为詹姆是外向的人。

这个实验验证了第一印象往往影响着我们的想法，这就是所谓的"先入为主"。

洛钦斯的实验是不是很有意思？请根据实验中的故事素材思考一下。如果你对这个实验感兴趣，可以沿着虚线将前面的故事剪下作为素材，在身边的人中进行这个实验哦！

能量补给站

看到这里，你对第一印象肯定有了很多的了解，请你想一想，在生活中，为了给他人留下美好的第一印象，我们可以做哪些准备呢？

以下小建议供你参考！

1

注重个人形象

平日需要保持良好的个人卫生，勤洗澡，定期修剪头发、指甲等。同时要有适宜的穿着，力求整洁、大方。

2

礼貌与人交谈

与人交谈过程中的礼貌用语和谦恭态度都是很好的加分项，如果可以面带微笑就更好了。如"您好""感谢"等。

3

倾听他人观点

当倾听他人表达时，我们可以目视对方（如果不想直视对方的眼睛，可以看对方的鼻尖），并及时、真挚地回应对方，如点头等。

4

表达自己想法

与人交流时，对于认同的想法，我们可以给予积极、正面的赞同，如"对""是的"；对于不认同的观点，我们可以表达自己的看法，如"你的想法很特别，但我和你的想法不同，我的想法是……"

自我成长屋

　　与人交往中，外在美和内在美哪个更重要呢？请你和家庭成员开展一个小型辩论会吧！（"外在美"是指一个人的外在形象，"内在美"包括一个人的内涵、修养等）

家庭小型辩论会

　　正方观点： 给他人留下"外在美"的第一印象很重要。

　　如：为了表达对别人的尊重，参加活动或结识新朋友的时候，我们一定要好好准备，最起码要穿得漂亮、干净，头发梳整齐。给别人好的第一印象，是一个好的开始！

　　反方观点： 给他人留下"内在美"的第一印象更重要。

　　如：我不完全认同给他人留下"外在美"的第一印象很重要！不能只重外表不看内涵！所谓"路遥知马力，日久见人心"，仅凭第一印象就妄加判断，"以貌取人"，肯定是错误的！

　　小朋友，你的家庭辩论赛是正方赢了还是反方赢了呢？

2 真实的他 不只此时此刻

近一段时间，琳琳因家中爸爸妈妈经常闹矛盾，心情很糟糕，动不动就朝糖宝发脾气。

回家后，糖豆发现了糖宝的不悦，问糖宝："谁惹你了？"糖宝非常生气地说："岂有此理！现在的琳琳颠覆了我对她的认知！她变得暴躁、不讲理！我决定要和她断交！"

糖豆说："之前你和琳琳不是超级闺蜜吗？是最近发生什么了吗？"糖宝若有所思，说："嗯，以前琳琳的确不是这样的。可能最近她父母闹矛盾，她很担心，又不知道怎么办才这样吧！看来我不能只根据此时此刻的情况评价琳琳！"

在和朋友、老师、家人的相处中，你会因近期发生的事件片面地评价他人吗？

其实在心理学中把这种现象称为近因效应，让我们一起了解近因效应吧！

心理实验室

　　近因效应与首因效应（第一印象）相对应，是指最近的或最新出现的事件、他人表现等促使新的印象形成的心理效应。比如糖宝"此时此刻"对好朋友琳琳的评价就是受到近因效应的影响。研究表明，在人与人的交往中，交往的初期，首因效应会起到重要的影响；而在交往的后期，就是在彼此已经相当熟悉的时期，近因效应常常会产生重要的影响。

　　1957年，美国社会心理学家洛钦斯（A. S. Lochins）在用实验证明首因效应存在的基础上，继续研究，证明了近因效应的存在（首因效应实验请参考本章第一节内容）。

　　在实验中，洛钦斯仍然选用首因效应的实验材料——描写主人公詹姆学习、生活中的两个片段式的小故事：故事1突出詹姆是热情而外向的人，故事2突出詹姆是冷淡而内向的人（参见首因效应实验材料）。不过这次，他选择在阅读故事1、故事2两个材料中间插入其他活动，如做数学题、听故事等，然后询问被测试者：他认为詹姆是什么样的人？被测试者这次被分成了两个组。

实验环节

第一组人：

阅读故事1+做数学题+阅读故事2。

第二组人：

阅读故事2+做数学题+阅读故事1。

研究结果发现，大部分被测试者会根据做数学题后阅读的故事，来判断詹姆的性格。

请你想一想，为什么首因效应中的被测试者被分成了四个组，而近因效应中只分成了两个组呢？

能量补给站

现在你应该对近因效应有了更多的了解，那么你对近因效应有什么自己的想法吗？也许你会说：近因效应好神奇，会在某一个瞬间影响我们对一个人的判断。也许你会思考：既然近因效应在与人交往中常常会出现，且有一定的片面性，那么我们要怎样避免近因效应的负面影响。

下面给你提供一些小建议，希望对你有帮助哦！

1 不要只从近期评价一个人

没有人能十全十美，当我们评价一个人时，需要从全面、长期的角度进行评价，而非片面地依照近期或某一次失误武断评价。

2 及时沟通解决问题

与人交往时矛盾不可避免，沟通是化解矛盾、减少个人错误评判的方法。如争执之后，双方针对自己的问题及时道歉等。

3 巧用近因效应

言行举止礼貌大方，衣着形象干净整洁，一直给他人留下良好的近因效应。

|自我成长屋|

你如果发现对一个人的评价受到了近因效应的影响，不妨完成下面的句子来看一看（也可以用糖宝和琳琳的例子进行尝试体验）。

1.近期发生的事件＿＿＿＿＿＿＿＿＿＿＿＿

＿＿＿＿＿＿＿＿＿＿（一件事，简单描述）

2.此刻你对他的评价＿＿＿＿＿＿＿＿＿＿

＿＿＿＿＿＿＿＿＿＿＿＿

3.事件发生的原因＿＿＿＿＿＿＿＿＿＿＿

＿＿＿＿＿＿＿＿＿

4.你对他的欣赏＿＿＿＿＿＿＿＿＿＿＿

＿＿＿＿＿＿＿＿＿（最少5点）

5.你期待和他＿＿＿＿＿＿＿＿＿＿＿＿

＿＿＿＿＿＿＿＿＿

回顾上面5个题目，你现在有什么发现？找小伙伴分享一下吧！

3 常常出现的 "爱屋及乌"

　　糖豆今天看到一条新闻——某男歌手因为酒驾被警察逮捕了，恰巧这位歌手是糖宝最喜欢的男神！他立刻把这个消息告诉了糖宝。糖宝不相信，说："不可能！我男神长得帅气又有涵养，他肯定不可能做违法的事！"

　　糖豆说："真的，这是我今天刚看到的新闻。你不要以为明星各方面都是完美的，他们只不过有了明星的光环而已。"

　　糖宝若有所思，说："看来我以后不能过于'爱屋及乌'，毕竟我不是真的了解他们。"糖豆点头赞同。

　　"爱屋及乌"源于《尚书大传·大战》："爱人者兼其屋上之乌，不爱人者及其胥余。"这句话的意思是：喜爱那个人，就连他屋上的乌鸦都觉得可爱；厌恶那个人，就连他村里的墙壁都觉得讨厌。这表示人们在过于喜欢或讨厌一个事物的时候，常常用同样的态度对待其相关事物，从而失去客观判断。

心灵故事汇

商朝末年，纣王穷奢极欲，残暴无道，最终失去了民心。武王伐纣后，商朝灭亡，西周建立。刚刚建立西周的武王心中常常不安，感到天下还没有安定。他召见姜太公，问道："进了殷都，旧王朝的众士兵应该怎么处置呢？"

姜太公说："我听说过这样的话：如果喜爱那个人，就连同他屋上的乌鸦也喜爱；如果不喜欢那个人，就连带厌恶他家的墙壁、篱笆。这意思很明白：杀尽全部敌对分子，一个也不留下。大王你看怎么样？"

你如果是武王，会采纳"爱屋及乌"的做法吗？为什么？

a.我会采纳　　b.我不会采纳

我的理由：1.＿＿＿＿＿＿＿＿＿＿＿＿＿＿

　　　　　　2.＿＿＿＿＿＿＿＿＿＿＿＿＿＿

武王认为不能这样做。这时，召公上前说："我听说过这样的话：有罪的，要杀；无罪的，让他们活。应当把有罪的人都杀死，不让他们留下残余力量。大王你看怎么样？"武王认为也不行。

这时，周公上前说道："我看应当让各人都回到自己的家里，各自耕种自己的田地。君王不偏爱自己旧时的朋友和亲属，用仁政来感化普天下的人。"

　　武王听了非常高兴，心中豁然开朗，觉得天下可以从此安定了。

　　后来，武王就照周公说的办，天下果然很快安定下来，民心归附，西周也更强大了。

|心理实验室|

其实"爱屋及乌"还有一个心理学名词，称为"晕轮效应"。

晕轮效应，又称光环效应，最早由美国著名心理学家爱德华·桑戴克提出，是指人们看问题的时候，像月晕一样由一个中心点逐步向外扩散，常常以偏概全。如：某人一次表现好，就认为他一切都好；某人一次犯错，就认为他一贯表现差等。

美国心理学家凯利以麻省理工学院两个班级的学生作为被测试的对象，做了一个实验。她向两个班级的学生介绍同一位代课老师，但是用词不同。即向其中一个班的学生介绍老师时，信息为热情、勤奋、务实、果断等；向另一个班的学生介绍的信息时，除了将"热情"换成了"冷漠"之外，其余各项都相同。之后观察学生与代课教师的关系。结果是，前一班的学生与老师一见如故，亲密攀谈；另一个班的学生对老师却敬而远之，冷淡回避。实验证明，仅是一词之别——热情与冷漠，竟会影响到学生们对同一位代课老师态度迥异。这是因为代课老师被罩上了不同色彩的晕轮。

能量补给站

如何避免晕轮效应带来的片面评价呢？

1 结识新朋友不要只看个人形象，要与朋友多交往，相互间进行深入了解。

2 在与朋友相处中，要告诉自己，要全面地看待他人，特别是对有突出优点或缺点的朋友，不能片面评价。

3 在与他人交往时，不要过分在意他人是怎样评价自己的，要相信自己一定会获得他人的认可和理解。

4 努力做好自己负责的每一件小事，如作业、值日等，虚心听取他人的建议，不断在成长中完善自己。

5 在不同的场合中可以勇敢地展示自己，让他人了解自己的优点和长处，更全面地了解自己。

|自我成长屋|

请你仿照晕轮效应的实验，与你的好朋友一起设计并实施一个有意思的小实验吧?

实验事项请参考

实验材料

可仿照晕轮效应的实验材料改编。

被试人员

可选择班内同学做被测试者，随机分组。

实施过程

实验过程中的指导语说明部分要一致。

实验方法

观察法，需要边观察边记录变化。

实验结果

可按次数统计，也可按百分比统计。

在实验设计和实施过程中，你也许会遇到更多有趣的问题，不妨寻求老师、家长的帮助!

4 我会"以己度人"吗

糖宝一家正在吃午饭。今天的午餐很丰盛，有干煸豆角、红烧肉、炒虾球……

糖宝边吃干煸豆角边想：今天的豆角太好吃了，糖豆肯定也爱吃，我得赶快多吃点。妈妈看着糖宝不停地吃干煸豆角，说："你别吃得那么着急，没人跟你抢！"

干煸豆角真好吃，我要赶快多吃点，一会糖豆肯定跟我抢！

糖宝说："不可能，这么好吃的干煸豆角，糖豆能不爱？凭我对他的了解，他肯定跟我抢！"糖豆幽幽地说："这次你真想错了，我更爱吃妈妈做的红烧肉，这次不跟你抢哈！"糖宝诧异地看着糖豆。

看到这里，你是不是觉得糖宝"以己度人"了，你有过这样的经历吗？

心灵故事汇

不只我们常常会"以己度人"，古人也是如此，最经典的莫过于封人祝尧的典故了。

尧到华山视察，华山地区的封人说："祝您长寿、富贵、多子多孙"。听到这些，尧都辞谢了。封人非常疑惑，便问："长寿、富贵、多子多孙，是人们的共同愿望，您却不要，为什么？"尧回答道："多子则多担心，富贵则多事务，长寿则多屈辱。因为这三样不是用来培养无为之德的，所以我不要。"

你如果对这个典故有更多的兴趣，不妨读一读《庄子》，这样可以对这个典故有更多的了解。

由于"以己度人"的现象很普遍，心理学家开始了这方面的研究，并把"以己度人"的现象称为"投射效应"。简单来说，投射效应是指人们会不自觉地认为他人一定会有与自己相同的特性，比如兴趣爱好、想法、情绪等。我国古代的大文豪苏东坡和他的好朋友佛印常常在文学、佛学方面相互切磋，有很多趣闻传世。其中有一段故事就是讲投射效应。

以己度人

大师，您看我像什么？

我看居士您像佛。

大师可知我看您像什么？

不知。

我看您像一坨屎！

哈哈哈真痛快！
我刚才……

大师心中有佛，看你像佛；
你心中是屎，看什么都像屎！

是我输了……

心理实验室

为了进一步验证投射效应，心理学家罗斯做了个实验。他询问80名参加实验的大学生："你们是否愿意背着一块大牌子在校园里走动？"结果，48名大学生同意背着牌子在校园内走动，他们认为大部分学生都会乐意做这件事；32名大学生拒绝背着牌子在校园内走动，他们认为大多数学生都不愿意做这件事。可见，这些学生将自己的态度投射到其他学生身上了。

投射效应有一定的片面性，我们要注意避免受到投射效应的影响，不要用自己的想法来理解别人，要注意接纳他人与我们的不同哦！

|自我成长屋|

在家里你与父母有过争执吗？下面我们进行一个自我体验小活动，一起来试试吧！

自我体验小活动

1.请回忆一个你和父母发生争执的场景

_____

2.你当时的想法是

_____

3.你认为父母的想法是

_____

4.询问父母当时的想法

_____

对比你的想法和父母的想法，你有什么发现吗？和爸爸妈妈讨论一下吧！

5 习惯性地"贴标签"

　　明天就要期末考试了，糖宝在认真复习功课，糖豆若有所思地掰着手指数数。

　　糖宝问糖豆："明天都要考试了，你怎么不赶快复习啊？"糖豆说："我的学习状态最近总是好一天，差一天，按这样来算，明天正是我学习状态差的那天，我太郁闷了！"

　　糖宝说："哈哈，那么能跟我讲道理的糖豆居然给自己贴了个标签，不可思议，不可思议呀！"

心灵故事汇

　　你看过电影《疯狂动物城》吗？主人翁小兔子朱迪从小的梦想是成为一名惩恶扬善的刑警，但她的父母、身边的伙伴都认为兔子只适合成为种胡萝卜的农夫，不相信她的梦想能成真。对此，朱迪并不服气，她成功地考入警校并顺利毕业。当成为警察的那一刻，她发现这里是大型肉食类动物的领地。作为第一只、也是唯一的一只小型食草类动物，同事们一直对她保持质疑的态度。朱迪自己也有过迷茫和怀疑，但她并未放弃，最终凭借着智慧和努力成为一名合格警察，改变了大家对自己的看法。

　　看到这里，你是不是特别佩服朱迪的勇气？试问：当你的梦想被贴上"不适合"的标签时，你能不能像朱迪一样，鼓足勇气去尝试？相信充满智慧的你一定会寻找到办法，勇往直前！

　　关于贴标签的现象，心理学家做了相关的研究。1922年，沃尔特·李普曼（Walter Lippmann）在其著作《舆论》中，把这种现象称之为"刻板印象"。刻板印象是指人们对某一类人或事物产生的比较固定、概括而笼统的看法，这种看法对我们的行为产生很大的影响，起到一定的作用。如，人们通常会认为男生适合穿暗色的衣服，女生适合穿艳色的衣服等。

心理实验室

1933年，普林斯顿大学的卡茨和布雷利对刻板印象做了进一步的研究。他们调查了美国100名大学生，让他们从善良、聪慧、执着、勤奋等形容词中选出5个，分别来描述犹太人、中国人、美国人等10个不同种族群体的典型特征。

结果发现，大学生对不同种族的人有贴标签的现象，如大多数人认为黑人有迷信、懒惰、无忧无虑等品质，德国人有科学的头脑，有勤奋和呆板等品质。

现在请你想一想，你认为刻板印象是一成不变的吗？

带着疑问，我们继续来探索吧！

研究者带着这样的疑问，继续开展研究，大约每隔20年就会有人把这个测试重做一次。结果发现，这些刻板印象发生了较大的变化。比如大学生对中国人的评价：最开始的刻板印象是迷信、有心计、保守、爱传统、重视家庭和勤奋；几十年过去后，大学生们觉得尊重传统、热爱家庭和勤奋才是中国人的核心特质。

读到这里，相信你已经豁然开朗。

刻板印象是人们对于事物的一种比较固定、笼统的看法，它强调共性，忽视个性的区别。但是随着时间的推移，事物的共性也可能发生变化。因此人们的刻板印象也是会变化的。

🌀 |能量补给站|

由于受到生活环境、主观想法等的影响，刻板印象在我们的生活中无处不在，那么怎样改变刻板印象呢？

我们可以这样尝试。

1 每一次面对新的事物时，我们可以尝试问自己：我刚刚产生的这个想法是不是太主观了，我有没有随意贴标签？

2 当我们发现已经给他人贴上标签时，不妨告诉自己：赶快"暂停"，我需要更全面地去了解他。

3 当受到他人刻板印象的限制时，我们要先放下纠结和担心，需要更努力地充实、完善和发展自己。当变得更完美时，我们就会成为那颗"最闪亮的星"。

自我成长屋

有时间可以邀请爸爸、妈妈或小伙伴儿一起观看电影《疯狂动物城》，边看电影边思考。

主人公朱迪的经历中，哪一件事令你印象最深刻？

_____

她当时的想法有哪些，她的决定是什么，最后结果怎样？

_____

面对朱迪，她身边的伙伴经历了哪些想法上的变化？

_____

你的启发是什么？

_____

第三章

怎样交到
真正的朋友

你们一定听过"不以规矩，不能成方圆"这个典故吧？这个典故告诉我们做事要遵循一定的法则。在跟他人交往的过程中，我们也要如此。虽然人际关系复杂多变，但是有的人就是因为擅长遵循人际交往的原则，所以跟谁都能愉快相处，关系非常融洽。你想成为这样的人吗？赶快翻阅本章来学习一些人际交往的"规矩"吧！

1 己所不欲，勿施于人

糖豆和糖宝生活的小区里面有一个"小霸王"——小虎，小朋友们都不太喜欢他。为什么会这样呢？

|心灵故事汇|

《三国演义》中刘备三顾茅庐的故事大家一定耳熟能详。

三国时期，各个诸侯国都注重招贤纳士、聚集人才。吴国的孙权对诸葛亮的才能早有所耳闻，于是派大臣去聘请诸葛亮到吴国来做官。但是，他的诚意不足，诸葛亮拒绝了他。后来，蜀国的刘备冒着连天风雪，数次前去请诸葛亮出山，诚意十足，最终打动了诸葛亮，这即我们熟知的刘备三顾茅庐。后来在相处中，刘备与诸葛亮情同手足，凡牵扯国家战事的情况，刘备都要向诸葛亮真诚求教，然后才作出决策。诸葛亮能感受到刘备真诚的尊重，因而为了刘备的千秋大业"鞠躬尽瘁，死而后已"。

能量补给站

什么是尊重？为什么人际交往中要遵循尊重的原则？

尊重，就是重视和敬重，人与人之间的尊重是相互的，你尊重别人，别人就会记在心里，总有一天会用同样的尊重来回报你。感恩图报、礼尚往来历来是中国人交往过程中遵从的传统美德。《诗经》中有这样的诗句：投我以木桃，报之以琼瑶。它的意思是：你将木桃投赠我，我拿琼瑶（美玉）作回报。

《三国演义》中，刘备三顾茅庐诚恳引进并尊重人才的故事传为千古美谈，而他也因真诚地尊重别人而得到了相应的回报。

每个人都应该获得别人的尊重，而获得别人尊重的前提是自尊、自重。一个人如果对自己失去了信心，还怎么去赢得别人的尊重呢？

课堂上，一位老师让孩子们畅谈自己的理想，并说出各自的原因。孩子们都非常兴奋，有的说自己的理想是当科学家，发明新的事物为人类造福；有的说自己的理想是成为文学家，为世人留下传世的文学作品；有的说自己的理想是成为一名军人，保家卫国。一个小男孩说他的理想是做一只小蜜蜂。同学们听了，先是一愣，继而开始嘲笑他，但是老师却让这个男孩继续讲下去。"因为奶奶喜欢喝蜂蜜水，我可以采好多好多的蜂蜜给奶奶吃。"听到原因，老师的眼睛湿润了，教室里面沉默了几秒钟，随后爆发出了雷鸣般的掌声。不仅因为孩子，也因为那位尊重孩子的老师。老师并没有打断孩子的话，而是让他继续讲下去，他给了孩子尊重，同时获得了孩子们的尊重。

尊重，会让人们在世间感到真情的存在；尊重他人的同时获得了他人的尊重，也使我们获得了动力。因此，尊重他人就是尊重自己。

学会尊重的法宝

尊重他人的具体行为

1.有问题讲道理，不恶语伤人，经常使用礼貌用语

2.有问题当面说，不背后议论、贬低别人

3.尊重别人的劳动成果，伤害了同学及时道歉

4.尊重别人的生活习惯

5.翻看他人的东西需经过他人允许

6.耐心听别人把话讲完，不随意打断

自尊的具体行为

1.有上进心，力争上游、不甘落后

2.自觉又主动地遵守纪律、遵守游戏规则

3.认真完成自己的本职任务（如学习等）

4.受到表扬、奖励、赞赏时会更加严格要求自己

5.受到批评时，反思自己的缺点和错误，努力改正

6.严于律己，宽以待人

|自我成长屋|

关于如何把握好自尊的"度"，在我国的文献典籍中有过论述：人以言媚人者，但欲人之悦己，而不知人之轻己；人以言自夸者，但欲人之美己，而不知人之笑己。轻而且笑，辱莫甚焉。（清·李惺《西沤外集·药言》）

大意是：用甜言蜜语讨好别人的人，只想别人喜欢自己，而不知道别人恰恰轻视自己；用大话自己夸耀自己的人，只想别人羡慕自己，而不知道别人恰恰耻笑自己。轻视而且耻笑，没有比这种羞辱更大的了！

要尊重他人和自我尊重，我们具体应该怎么做呢？请你与父母或朋友分享自己的想法吧！

2 把我的真心放在你的手心

糖豆是班里的学习尖子，各科成绩都不错，尤其是科学学科。这学期班里转来一位新同学——帆帆。老师向班里同学介绍帆帆，她说帆帆学习成绩非常好，参加科学大赛曾经获得过市级一等奖，大家在学习中可以请教他。糖豆心里暗自嘀咕：这有什么了不起的，我参加科学大赛也获得过一等奖。

可是，后来发生的一件事让糖豆改变了自己的想法。

一天，老师在班里宣布学校要进行科学竞赛，让大家多看看《科学竞赛精编》这本书。帆帆对糖豆说："糖豆，你有这本书吗？我能不能和你一起看？"糖豆有些不自然地说："我没有。"但其实糖豆撒了谎，他的课桌里就放着一本《科学竞赛精编》。

周末，帆帆冒着大雨来找糖豆，给糖豆送来了复印版的《科学竞赛精编》，说："我借了一班一位同学的，复印了双份，给你一份。"糖豆望着帆帆真诚的眼睛，看着他捧着的厚厚的材料，既羞愧又感动。

❤ |心灵故事汇|

　　古希腊，有一对好友德蒙和匹西亚斯，他们同为国王效力。

　　一次，匹西亚斯因不满国王狄奥尼修斯的做法，得罪了国王。国王便下令将他处死，五天后执行。匹西亚斯想在临死前看看曾经住过的家，看望一下自己年迈的母亲，安排好年幼的妹妹。他的朋友德蒙得知后，就恳求国王允许他代替匹西亚斯坐牢而让匹西亚斯去完成自己的心愿。国王看他的态度非常真诚，便答应了他的请求。

　　临刑日期到了，匹西亚斯还没有回来，国王决定处决德蒙，因为他代替了匹西亚斯。在临刑前的最后时刻，匹西亚斯及时赶到了刑场，德蒙被释放了。国王看到他们之间的友情如此深厚，就赦免了匹西亚斯。具有"生死之交"的好友从此便出现了。

真诚是一个人际交往的基本原则，是交友的基础，所有的人际交往的手段、技巧都应该建立在真诚的基础之上。

　　德蒙和匹西亚斯在交往中体现出了真诚的品格。真诚是高尚的品德，它能带给人安全感。与真诚的人交往，我们感觉安全与放心，可以把心思和重点都放在如何发展友好关系和一起做事情上面，而不必耗费不必要的心理能量。

能量补给站

为什么有的人有时会有不真诚的表现呢？

原因大概有三种：一是存心欺骗，损人利己；二是因为虚荣心而吹嘘夸大，不说真话，这种情况会对人的心灵和人际关系造成很严重的危害；三是因为自卑或防卫心理，这种不真诚虽然没有恶意，但时间稍长会影响自己的人际关系。

我们如何做到真诚待人呢？

1.你如果期望别人真诚待你，首先要真诚对待别人。人与人之间的交流是相互的，你用什么样的态度、方式对待别人，别人也会用同样的态度和方式回应你。

2.学会同感，用心体验。我们要真诚地知人之所感，感人之所感，并适时、适度地表达自己的理解和关心，这样有利于缩短与同学或朋友的人际距离和心理距离，与他们建立维持和发展良好的关系。

3.及时沟通，避免猜疑。沟通及时，省时省力；沟通不及时，容易产生误会和猜疑。一旦发生误会，再解释清楚可能会经历很多波折；猜疑心理可能会造成大矛盾，断送与同学或朋友的友谊。

4.全面认识与正确对待自己的优点和缺点。坦然面对自己的优点和缺点，既充分认识、表现自己的长处，又不回避缺点。过分地掩饰缺点反而使缺点更加明显，而且让人感觉不真诚。

自我成长屋

下面是一个心理小游戏，请你和朋友一起玩一玩，看看你们的默契程度吧。

真心话大冒险

游戏规则：

1.一人负责提问下面8个问题，其他人在纸条上真诚作答。

2.回答完毕，可以找其他伙伴交换纸条，分享想法、体会。

● 你平时最喜欢和谁一起玩？

● 他(她)是怎样的人？　（写出至少5个词）

● 你们一般在什么时间玩？

● 你们一般在什么地方玩？

● 你们一起玩什么游戏？

● 你们之间发生过矛盾吗？为什么？

● 你对自己的朋友满意吗？

● 你心目中理想的好朋友是怎样的？

宰相肚里能撑船

糖宝与楠楠同住在一个小区，彼此很熟悉，两人经常到对方的家里去玩儿。

清朝时，安徽桐城有一个著名的家族，父子两代为相，权势显赫，这就是张氏家族的张英、张廷玉父子。

康熙年间，张英在朝廷当文华殿大学士、礼部尚书。老家桐城的老宅与吴家为邻，两家府邸之间有块空地，供双方来往交通使用。后来邻居吴家建房要占用通道，张家不同意，双方将官司打到县衙。县官考虑纠纷双方官位显赫，不敢轻易了断。

在这期间，张家人给在京城当大官的张英写了一封信，要求张英出面干涉此事。张英收到信件后，认为应该谦让邻里，给家里回信中写了四句话：千里来书只为墙，让他三尺又何妨？万里长城今犹在，不见当年秦始皇。

家人阅罢，明白其中意思，主动让出三尺空地。吴家见状，深受感动，也让出三尺房基地，这样就形成了一个六尺的巷子。

通过张英的教育，张家和吴家相互宽容，不仅有效地解决了矛盾，而且解决的过程非常愉快，因此两家都礼让的做法被传为佳话。

宽容就是指人的气量大，心胸开阔，不计较或追究，即允许他人有判断和行动的自由，对不同于自己的观点、见解，能够耐心、公正地予以容忍。宽容是中华民族推崇的传统美德，它的意义不在于如何给别人让路，而在于有心胸接受那些令人烦心的人与事。

人际交往中为什么要宽容？

只有适度宽容，才能处理好与父母、邻里、同学、老师及其他人的关系，营造良好的人际关系氛围；宽容有益于身心健康，可以有效防止事态往不好的方面发展，从而加剧矛盾；宽容他人，有利于愉快地接纳自己。

能量补给站

我们如何来修炼宽容他人的境界呢？

1 眼光放长远

心胸开阔，对事情不斤斤计较，不钻牛角尖。自己无理时坦诚承认错误；自己有理时，也需要"得饶人处且饶人"。

2 从积极的角度看待问题

别人触犯了你、伤害了你，绝大多数是因为言语不慎，或者言者无心，听者有意，触犯了你的心理敏感区。因此，我们要明辨是非，避免习惯性地从恶意角度揣测他人。

3 调控好情绪

不轻易被人激怒，越是剑拔弩张的时候，越要提醒自己保持冷静。一旦激动起来，会影响正常的思维，说话会失去分寸。

4 充实自我

一般说来，知识修养差的人容易心理偏狭，遇事想不开。丰富的知识、开阔的眼界，就会让我们对许多意想不到的事情泰然处之，因此，平时多读书，多总结思考，提升修养。

自我成长屋

你如果遇到这些生活情景，会怎么处理呢？找一个情境，你和小伙伴们一起来演一演吧，然后商讨如何宽容他人。

情境一：

上完课间操回来，在走楼梯时，有个人把你的脚踩疼了。

情境二：

有位同学在甩钢笔时，不小心把墨水溅到你的白衬衣上了。

4 君子一言，驷马难追

明天体育课要举行跳绳比赛，糖宝答应同学小美帮她带一根比赛专用的跳绳。但是，晚上糖宝发烧了，第二天没法去学校上学了。

心灵故事汇

　　早年间，喜马拉雅山南麓的尼泊尔鲜为人知，很少有外国人涉足。后来，许多日本人到这里观光旅游，据说是源于一位诚信的少年。

　　最初，几位日本的摄影师到喜马拉雅山南麓的尼泊尔旅游，拍摄作品。这天，他们拍摄了一整天，休息时想喝啤酒。由于人生地不熟，他们就请当地的一位少年代买啤酒。这位少年答应了，但是山路遥远，他为此来回跑了3个多小时才买回来。

　　第二天，那个少年自告奋勇地提出替他们买啤酒。有了上一次的信誉，这次摄影师们给了他很多钱让他代买，但是少年没有如约赶回来，一直到第三天下午，那个少年还是没有回来。于是摄影师们开始猜疑了，议论纷纷，都认为那个少年是个骗子，上次骗取了他们的信任，这次借机把钱骗走了。他们开始咒骂少年和抱怨这个地方的民风太差。

　　第三天夜里，那个少年敲开了摄影师的门。原来他在上次购买啤酒的商店只购得了4瓶啤酒，但是按照和摄影师们的约定，他要购得10瓶啤酒，因此他又翻了一座山，蹚过一条河，才购得另外6瓶。他带着10瓶啤酒返回时，由于山路昏暗，一不小心摔坏了3瓶。当他哭着拿着玻璃碎片向摄影师们交回零钱时，摄影师们被这位少年的诚信深深地感动了。从此，一传十，十传百，越来越多的人听说了这个关于诚信的故事，来这儿的游客越来越多。

能量补给站

"诚信"即诚实守信。"诚"就是内诚于己，诚实无欺、诚实做人、诚实做事，实事求是；"信"即外信于人，有信用、讲信誉、守信义、不虚假。

诚信在任何地方、任何人群中都有打动人心的力量。

心理学家诺尔曼·安德森研究过诚信对人际关系的影响，他列出555个描写人的个性品质的形容词，让大学生们评价哪些是他们最喜爱的品质。结果表明，学生评价最高的个性品质就是诚信，而评价最低的是说谎和虚伪。像上述故事中的少年一样，待人真诚、言而有信的性格品质可以提升我们的人际吸引力，有助于我们与他人建立良好的人际关系；而虚伪狡诈、言而无信的性格品质则会破坏我们的人际吸引力，不利于人际关系的建立与发展。

诚信无大事小事之分，诚信做人体现在一点一滴的小事中。我们先从小事做起，同时把做事与做人统一起来。

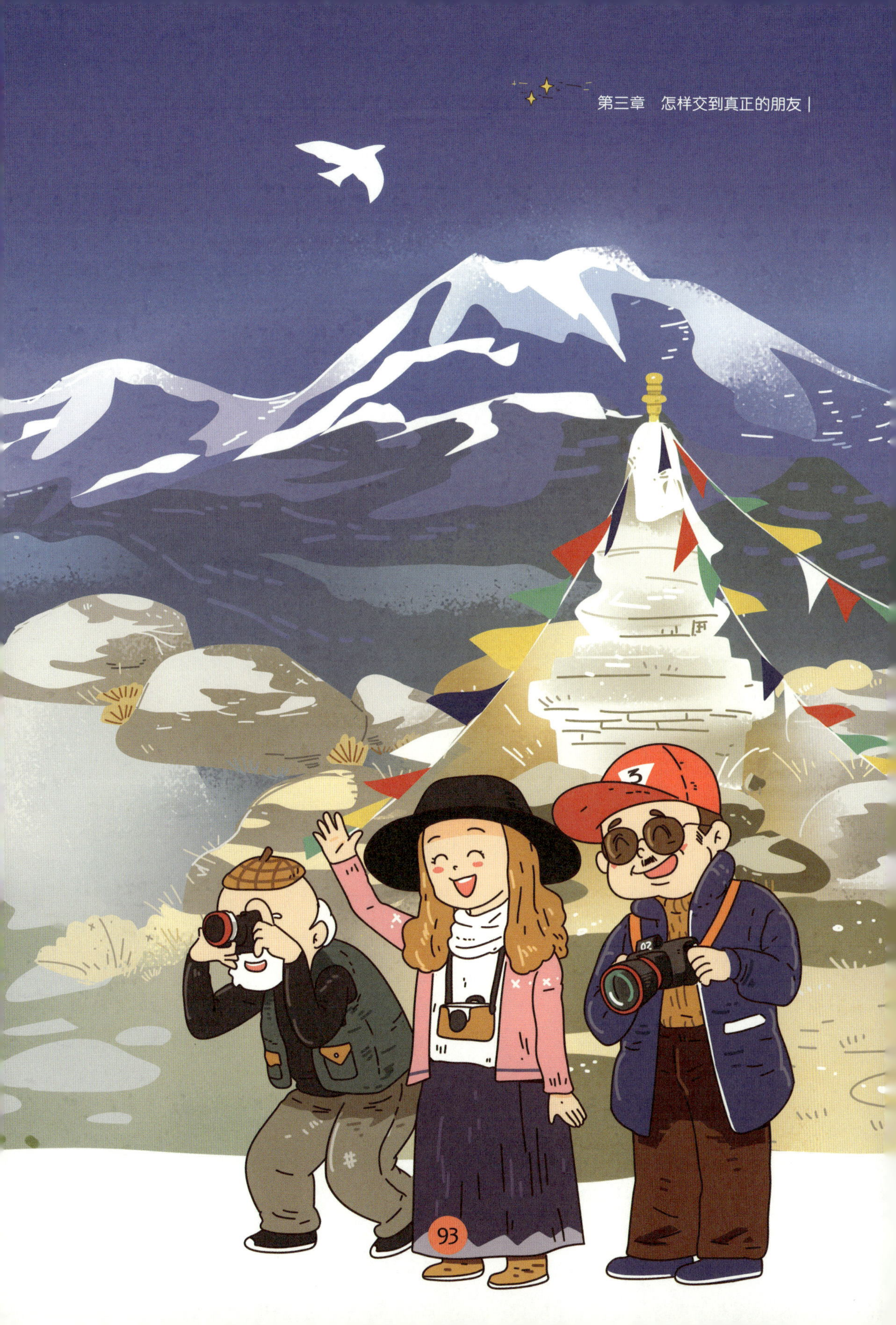
3
02

自我成长屋

人们常说诚信是美，诚信是金。请你制订一份自己的诚信守则，作为自己行动的准则。让我们从自己做起，从小事做起，做一个诚信的人吧。

诚信守则

1.在对别人许下诺言之前，我会认真考虑好，答应了就想办法做到。

2.不小心把别人的东西弄坏了，我会主动说明真相，并赔偿。

3._____

_____

4._____

_____

5._____

_____

5 一个好汉三个帮

糖豆是个热心助人的同学，老师和同学都很欣赏他这个优点。

心灵故事汇

　　列宁曾赞扬马克思与恩格斯这两位革命巨人之间的友谊，超过了古人一切关于友谊的最动人的传说。

　　马克思十分钦佩恩格斯的渊博学识和高尚人格，他常说自己是踏着恩格斯的脚印走。而恩格斯总是认为马克思的才能超过自己。

　　他们为了共同的事业，在金钱或是学问上，经常不分彼此。恩格斯曾经不止一次地下决心要摆脱他厌恶的商业，去干他喜爱的政治活动和科学研究。但是当他想到马克思一家被迫流亡英国伦敦，不得不以面包和土豆充饥时，他就抛开弃商的念头，咬紧牙关，坚持下去，并在商业上取得了成功。这样做，为的是能在物质上帮助马克思，从而使朋友能够正常生活，使共产主义运动最优秀的思想家得到保存，也使《资本论》早日写成并得以出版。

　　恩格斯对马克思的友谊甚至延续到马克思逝世之后。马克思逝世时，《资本论》第二卷和第三卷还没有出版。恩格斯放下自己的工作，用了整整十年的时间，致力于马克思《资本论》后两卷手稿的整理；同时，他还补充了许多材料，使《资本论》第二卷和第三卷得以成功出版，完成了战友未竟的事业。

　　马克思和恩格斯在共同的事业中互帮互助，彼此成就，留下了《资本论》这部经典著作，这也是他们伟大友谊的见证。

|能量补给站|

读完这个故事，你受到了什么启发？人际交往中可以遵循互利原则，人与人之间需要相互帮助。如果人们相互关爱，我们的生活就会变得更美好。

什么是人际交往的互利原则？

> 人际交往的互利原则是指人与人交往的时候互帮互助，双方都受益。人与人之间的交往是相互的，只有一方获得好处的人际交往是不能长久的。人际交往要双方都受益，不仅指物质上受益，还有精神上受益，因此交往双方都要讲付出和奉献。

为什么提倡人与人之间互帮互助？

> 互帮互助是人的客观需要。在人的一生中，每个人都会遇见大大小小的麻烦事，一些麻烦事需要别人帮助才能解决；有时完成一项任务，需要不同的人互相配合才能完成。

不过，对别人的帮助也要讲究分寸。我们首先要学会关注别人的感受，知道怎样的行为是别人乐于接受的，然后选择合理的方式给予帮助。并且，"帮助别人"这个决定是我们自己的选择，需要我们判断好自己力所能及的范围，再去行动。

第四章

交朋友，
你可以放轻松

与人交往中，你是否有
过担心自己不够好而不敢表达？
你是否有过嫉妒他人比自己做得好？
你是否有过只考虑自己，不顾他人的感
受？不用担心，赶快来翻阅本章的内容
吧，带你一起从心理学的视角来探索一
些人际交往中的小秘密，让你轻轻
松松交到好朋友哦！

大胆些，再大胆些

糖豆第一次上机器人选修课便迟到了，他临时被安排到一个小组。

动手操作环节中，同一组的其他两位同学已经开始进行操作，糖豆站在一边，一直在观摩，心想："这两位同学我不认识，我想参与他们的操作，也不知道他们能不能同意，如果他们拒绝我怎么办？"

其中一位同学叫糖豆："你怎么不一起参与？"糖豆抓抓头说："我没好意思，嘿嘿！"

你有过因各种担心而不敢表达的经历吗？回忆一下，当时你是怎么解决的？

❤ |心灵故事汇|

《狮子王》这部电影相信你并不陌生。小狮子王辛巴最初遇到困难时，内心充满了害怕、恐惧，以逃避的方式离开；在遇到新的朋友时，不敢表达自己的想法。随着慢慢长大，辛巴逐渐克服内心恐惧，收获了真挚的友谊；和朋友们一起积极面对困难，在经历了艰难的挑战后，最终成为森林之王。

从辛巴的成长经历中，你有没有发现，其实内心的担忧和恐惧没有我们想得那么可怕？随着慢慢长大，我们的那些担忧会慢慢消失的！

> 心理学家做了很多研究发现，每个人在与他人交往时，都会存在一定程度上的内心恐惧，只是呈现方式不同罢了。

其实在与人交往中，下面的一些情况有可能导致我们产生担心、恐惧。如，当与一位我们认为很厉害的人一起交流时，我们有时会担心自己表达得不够好，这时担心、焦虑可能就会冒出来了。我们如果是性格内向的人，与人交往时，很多时候会选择默默地倾听。我们如果总是喜欢自己宅在家里，如自己看书、拼插积木、看电视、听广播等，缺少了与人的交流，就会影响自己与人交往的能力。通常情况下，越少表达便越怯于表达。

能量补给站

当然，有时候我们会遇到这样的情况。

请你回忆一下：在与人交往时，你曾经遇到过上图中类似的情况吗？可以和好朋友说一说。

如果你没有类似的经历，那么恭喜你，你自信、积极、乐观的态度值得表扬，并要继续保持！如果你有过类似的经历，不要害怕，下面的小妙招送给你，多加练习一定管用！

与人交往中，当出现担心和害怕时，我可以这样对自己说。

1 你好，恐惧，你真是个小调皮，时不时地会出现。我知道你是大脑派过来的"小信使"，你在告诉我现在是个对我有挑战的环境，我需要好好准备，谢谢你这么小心翼翼地保护我。

2 我不需要想那么多，我是与众不同的，我有自己的特点，我可以做好自己的事情，我可以表达自己的想法。

3 我相信每个人的表达都是善意的，即使我说错了，也没关系，很正常，这是我很好的学习机会。

4 当特别担心和害怕的时候，我可以让自己停下来一会儿，告诉自己："大胆些，再大胆些，我可以！"

5 与人对话时，我可以坐直或站直，昂首挺胸，说话时沉稳而从容。

6 我要参加活动，和朋友一起运动、游戏。

｜自我成长屋｜

如果你愿意，可以和爸爸妈妈一起完成《与人交往之恐惧小调查》来更多地了解自己吧！（单选、多选均可）

与人交往之恐惧小调查

1.我害怕与人交往的原因是

a.不敢相信他人　　　b.不擅长交往，害怕出笑话

c.本身内向　　　　　d.自卑　　　　　e.其他

2.与人交往遇到挫折时，我会选择

a.打游戏　　　　　　b.看电影、综艺等

c.和朋友聊天　　　　d.购物

e.睡觉　　　　　　　f.学习

g.其他

3.与人交往中，当自己内心恐惧时，我可以

a.找朋友、老师或家长倾诉，并寻求帮助

b.当恐惧出现时，我可以感受到恐惧的存在，但选择逃避

c.当恐惧出现时，我可以感受到恐惧的存在，选择带着恐惧一起
　　与人交往

我真的很棒

糖宝和糖豆一起写作业，糖宝每做完一项作业都认真检查一遍。

心灵故事汇

你看过英国女作家夏洛蒂·勃朗特写的小说《简·爱》吗？我们一起来看看主人翁简·爱由自卑到自强、自信的成长历程吧。

简·爱从小是个孤儿，小时候的她认为自己不但在金钱上贫穷、在身份地位上低微，而且身材矮小、五官不够美观。这种由外貌上的不自信而滋生出的自卑感，就像一把无形的枷锁，将还处在儿童时期的简·爱牢牢地锁住，严重束缚了她的行为。因为自卑，她做不到像其他同龄的孩子一样快乐、无忧无虑地生活，反而在生活中处处表现出小心。

简·爱成年之后，内心深处的自卑依然缠绕着她的思想，不过长期的自卑感使简·爱明白，让别人看得起自己的方式中只有通过自己的努力去改变现状才是最实在的。在争取到去罗沃德学校学习的机会后，简·爱为了消除心中的自卑，将全部的精力投入到了学习之中，她也因此收获了优异的学习成绩。自强让简·爱变得优秀，并且这种气质是从内而外地散发出来的。扎实的文化功底为简·爱带来了一份体面的家教工作，家庭教师的身份不仅让简·爱具备了养活自己的能力，也让她变得更加独立、自强，最终，优秀的她越来越自信，获得了自己的幸福。

如果你想更多地了解简·爱的故事，就去小说《简·爱》中寻找答案吧！

🌀 |能量补给站|

当总是出现自己不如他人的想法时，我们便有了自卑感。具体来说，我们如果认为自己的容貌、身材、身高等不如他人时，常常会感到自卑；我们如果认为自己的学习成绩不如他人时，会感到自卑；我们如果认为自己的家庭环境不好或对父母的职业不满意时，也会感到自卑……

也许你会认为自卑是个"魔鬼"，它总是阻碍我们变得更好。但事实并非如此，自卑也有"天使"的一面。你可能会疑惑：难道自卑会让我们变得更优秀？答案是：是的！

心理学家阿德勒是研究人类自卑心理的先驱，他在《自卑与超越》一书中提出：我们每个人都有不同程度的自卑感，因为我们期待自己所处的位置是不断加以改进的。

阿德勒认为自卑感并非一定会阻碍我们的发展，当选择正确的途径积极改进自身的不足时，我们会让自己逐步摆脱自卑，变得更加自信和优秀。

> 我们每个人都有不同程度的自卑感，因为我们期待自己所处的位置是不断加以改进的。
>
> ——阿德勒

｜自我成长屋｜

请你和爸爸妈妈从性格、能力、相貌、环境四个方面来分析一下自己的优势，来看看优秀的你是什么样的吧！

性格优势

能力优势

相貌优势

环境优势

3 他怎么能比我强

期末考试成绩出来了，糖宝发现自己的期末总成绩又比同桌少，回家便开始哭起来。

糖豆问："糖宝，怎么啦？"

糖宝边哭边说："这学期我已经很努力地学习了，怎么我的成绩还是比同桌低？老师和同学都那么喜欢她，太讨厌啦！"

糖豆说："糖宝，要小心你的嫉妒心理哦，不要被它牵着走！"

心灵故事汇

庞涓和孙膑都是齐国人，两人胸怀大志，一起拜师学习兵法。老师认为他们俩各有所长，不相上下，但私下庞涓认为自己不及孙膑。

庞涓和孙膑学成出师后，庞涓投身魏国一展抱负，数次领兵作战，攻无不克，很快就成为名扬天下的名将。随后庞涓邀请默默无闻的孙膑来到魏国，经交谈发现孙膑兵法之妙远胜于己，顿时嫉妒之心大盛，心想：若是把孙膑引荐给魏王，只怕日后他的名气会远大于自己。于是庞涓便起了陷害孙膑之心，导致孙膑被砍断双脚、额头刺字。

看到这里你是不是很替孙膑打抱不平，你觉得嫉妒是一种怎样的情绪呢？

简单来说，嫉妒是一种典型的消极情绪，当我们感受到自己总是不如他人时，嫉妒便容易产生。一般情况下，嫉妒包括敌意、怨恨、自卑和沮丧等。

嫉妒也是一种人们普遍存在的心理现象。嫉妒如果直接伤害到对方，那么就是恶意的嫉妒，如庞涓对孙膑的嫉妒。你也许会问：难道嫉妒还有善意的吗？的确，如果因为嫉妒他人，而让自己不断努力进步，这种嫉妒就算得上是善意的嫉妒。

瑞士心理学家卡尔·荣格曾经说过：人要有点嫉妒心，这样才会有上进的动力；但如果嫉妒心太强，那反而会害死自己。

|能量补给站|

如果你曾经有过嫉妒心理，不妨让嫉妒成为自己努力的动力吧！

怎么才能将嫉妒转化为进步的动力呢？可以参考以下建议。

1 可以通过询问家人、老师、朋友来全面了解自己，发现自己的优点，避免用自己的不足与他人的优势进行比较。

2 尝试用欣赏的视角看待他人，学习他人的优势，给自己创造提升不足的契机。

3 为自己设定一个目标，并制订相应的计划，持之以恒坚持去做。

自我成长屋

你如果想进一步了解自己的嫉妒情绪，可以尝试完成下面的几个问题吧!

了解自己的嫉妒

我在嫉妒什么?

1.＿＿＿＿＿＿＿＿＿＿＿＿＿＿＿＿＿＿＿＿＿＿

2.＿＿＿＿＿＿＿＿＿＿＿＿＿＿＿＿＿＿＿＿＿＿

嫉妒带给我什么?

1.占用我的时间 （   ）

2.让我出现很多不好的想法 （   ）

3.影响我的人际关系 （   ）

4.让我的性格变得扭曲 （   ）

5.让我产生消极的价值观 （   ）

我嫉妒的原因是什么?

1.我想变得更好 （   ）

2.我不希望他人比我好 （   ）

4 猜来猜去不好玩

糖豆和糖宝走在回家的路上。

糖宝："糖豆，你走那么快干嘛，等等我！"

糖豆头也不回，噘着嘴边走边想："这两天爸爸妈妈总是批评我，肯定是糖宝在妈妈那里说我坏话！我才不等你呢！"

可是糖宝并不知情，她跑上前拉住糖豆："糖豆，你怎么不理我？"

糖豆："我才不想理你，爱告状的鼻涕虫！"

糖宝很诧异，一脸委屈地说："别瞎猜，我可没告过你的状！"

心灵故事汇

　　三国时期的曹操是一个猜疑心很重的人。他常常担心别人暗中加害自己，因此对侍从说："吾梦中好杀人；凡我睡着，汝等切勿近前。"一天，曹操在帐中休息，翻身时被子掉到了地上，一位侍从准备把被子捡起来重新盖到曹操身上。结果曹操突然跳起来，拔出剑将其杀死。因为猜忌，曹操身边的人都小心翼翼，战战兢兢。

　　看到这里，你是不是觉得猜忌会让人变得武断？其实心理学的研究发现，过度的猜忌不仅会影响人际关系，还会影响我们的身心健康。

不过，在历史上，也有很聪明的人利用猜忌解决了问题！

东晋时期，殷仲文和王绪都在王宝国手下做官。王绪是个嫉贤妒能的人，时常在王宝国面前说殷仲文的坏话，坏话说多了，即使不是真的，王宝国或多或少也会相信。为此，殷仲文忧心忡忡，不知所措。殷仲文的谋士给他出一妙计：殷仲文时常到王绪府上串门，而且每次和王绪聊天的时候，都要求他把侍从屏退，搞得神神秘秘，却只唠一些家长里短。时间久了，这事儿就传到了上司王宝国耳朵里。王宝国就问王绪，他俩成天关起门来，商量些什么大事儿？王绪告诉王宝国，也没别的，就是些家长里短（确实如此）。可他越这样说，王宝国越是生疑，渐渐地疏远了王绪。

只需要每次都要求王绪屏退侍从，但是只跟他聊一些家长里短。时间久了，王宝国自然会内心生疑，疏远王绪。

能量补给站

议一议：和你的小伙伴谈论一下，你在哪些情况下容易产生猜忌呢？

1

情景一

闷在自己世界里的猜来猜去。如，当同学和我说话的语气不友好时；当我们主动与对方打招呼，对方没有回应时。

2

情景二

新环境里的猜来猜去。如，在一个新的学习环境里，我们会猜测周围的同学是友善的，还是吹毛求疵？

3

情景三

自我保护的猜来猜去。如，我曾经的同桌对我并不友好，因此，在一个新的班级里，我可不能主动和新同桌打招呼。

|自我成长屋|

如果你和自己的朋友或家人做同一件事，猜一猜你们会有一样的想法吗？带着这个好奇我们来做下面的撕纸小游戏吧！

撕纸游戏

游戏规则

1. 参与游戏人数3人以上。

2. 通过"石头剪子布"的方式选取获胜者，担任主持人，负责组织、监督及宣读游戏要求。

游戏材料

每人一张同样大小的白纸（最好便于撕开）。

主持人宣读游戏要求：请大家坐在自己的位置上，保持一定距离，闭上眼睛，没有主持人的允许整个游戏过程不允许睁眼。准备好后，请大家把手中的白纸对折，再对折，接下来撕掉一个角，再撕掉一个角。好，现在请睁眼，将手中的纸张打开。

分享

做完这个游戏，你有什么发现和感受？

5 不靠谱的 "我以为"

课间，同桌小刚未经糖豆允许，直接用尺子把糖豆的橡皮切了一半放到自己的笔袋里。

糖豆看到只剩下一半的橡皮很不开心，他大声质问："你凭什么切我橡皮？"小刚说："我今天忘带橡皮了，我以为你一定会同意给我一半。不就是一块橡皮嘛，这么计较。"

糖豆说："这是我最喜欢的橡皮，你怎么能不问我的意见就切呢。真是自以为是！"

小刚低下头说："对不起，是我自己想当然了。"

心灵故事汇

我国的大提琴家马友友在音乐方面有惊人的天分，成名极早，时常到世界各地巡回演出，声誉日隆，所到之处，万人空巷。有一次在访问非洲的纳米比亚时，土著民众为他载歌载舞。观赏完毕，他慢条斯理地取出大提琴，说："让我为大家演奏一曲吧！"万万没想到，土著居然齐声应道："且慢，您不必演奏，让我们为您演奏吧！"马友友向朋友忆述此事时，哈哈大笑，说："我原本以为他们一定很渴望听我演奏大提琴，没有想到，他们居然一点都不在乎。"

通常情况下，我们都习惯于从自己的角度来看问题，当我们以自己的想法推测他人的想法时，以自我为中心就出现啦。值得注意的是，过度的以自我为中心会阻碍我们交朋友，也会影响我们的学习。如自以为是、一意孤行、固执己见、恃才傲物等词语，都是形容过度的以自我为中心的。

能量补给站

对于我们的成长来说，以自我为中心是我们慢慢走向成熟的重要阶段。

美国心理学家皮亚杰指出，2～5岁的儿童处于自我中心阶段，他们顾不得自己与他人的关系，而是以"自我中心"来考虑问题。有了自我中心，我们才能区分自己与他人的不同，才能知道自己的所需所想，才能认识这个世界和世界中的"我"。

想一想，现在的你是不是已经有了很大的突破？你可以和朋友分享想法、尊重朋友的选择；你可以为了共同的目标与他人一起合作做一些事情；你还可以站在爸爸妈妈或朋友的角度来思考问题。如果你已经可以做到这些，真为你点赞，你已经慢慢走出了只关注自我的圈子。

倾听看起来是一件很简单的事，想要真正"听"懂别人的话语，却并不容易。下面这个小游戏，你可以邀请自己的好朋友或者爸爸妈妈一起来体验！

"我说你听"小游戏

游戏规则：

两人参加游戏，分别担任甲、乙两个角色中的任意一个（下面角色以甲、乙代替），两人面对面坐好。

第一次体验：

甲先向乙说任意的内容2分钟，乙认真倾听；接下来乙向甲说任意的内容2分钟，甲认真倾听。

第二次体验：

甲先向乙说任意的内容2分钟，乙不去倾听；接下来乙向甲说任意的内容2分钟，甲不去倾听。

游戏过程中你最大的触动是什么？赶快和爸爸妈妈分享吧！

第五章

交朋友，
我有锦囊妙计♪

从小到大，你有自己的好朋友吗？你是怎样交到好朋友的？你在与朋友交往中是不是会遇到一些困惑？其实交朋友有一些小方法，例如，用欣赏的眼光看待他人，发自内心倾听他人的想法，换个角度来思考问题等，这些都是很不错的方法。本章将带给你更多的锦囊妙计，让你秒变交友小达人！赶快来看看吧！

1 欣赏他就大方告诉他

以前，糖宝的数学计算不好，速度慢，正确率低，卷子上经常出现很多红叉叉，因此她害怕又讨厌数学。

这学期换了数学老师，老师经常表扬她："糖宝，这一次的准确率和速度又比上一次进步了。"糖宝心里美滋滋的。

妈妈，以后每天给我加一页计算题，你要给我计时哦！

妈妈，糖宝怎么跟换了一个人似的，突然对数学感兴趣了。

这就是赞美的力量！是数学老师的赞美与鼓励激发了糖宝学习数学的热情。

心灵故事汇

一天，禅师在散步，突然听到一阵争吵声，于是上前了解情况。路边有两个年轻人正在吵架，禅师便上前劝解。

其中的一个人(甲)说道："我一直把他当成知心好友，可如今我遇到问题，他不仅不帮助，还对我不理不睬。"

而另一个人(乙)说："我们两人关系没那么好，他从来没有把我放在眼里。"

禅师追问乙道："为什么你觉得他没把你放在眼里？"

乙娓娓道来："刚认识的时候，我们俩趣味相投，有很多话题聊。可相处久了，他却暴露了他的本性，说话太伤人了。有一次我帮了他一个大忙，结果他不但没有感谢我，还说这么简单的事，他自己也能做。既然自己能做，还找我帮忙干什么！当时我感觉很伤心，觉得他根本不把我放在眼里。我帮了他，他非但不感激，还贬低我。这样的情况次数多了，我的热情也慢慢地冷却了，不想再帮他了，甚至不愿意接近他。"

甲听了乙的抱怨，红着脸说："我以前不拘小节，说话不注意，你说的这些确实是我的问题，我不该这么冷漠地对待你。"

禅师说："懂得赞美他人的人，内心才能看到他人，才能理解他人、体恤他人。"

最后两个年轻人和好，结伴离开了。

每个人都希望得到他人的认同和赞赏，从而证明自己的价值。受人赞扬、被人尊重能使人感受到生命动力和自身价值。如果辛勤努力能及时得到赞美与鼓励，就会充满继续努力的斗志；如果辛勤努力长期得不到鼓励或赞扬，就可能失去继续努力的动力。就像故事中的乙一样，他已经对甲的态度非常失望，甚至不愿意再交往下去。

能量补给站

懂得赞美别人是一种人际交往的艺术，我们该如何赞美别人呢？

1 善于发现别人身上积极的要素，真诚地表达出来，恰如其分给对方以反馈。

2 赞美或肯定对方时，要看着对方的脸说话，以表达你的真诚，不要东张西望，给人以心不在焉、虚情假意的感觉。

3 要突出地表达你所喜欢和欣赏的对方的行为或特点，不是笼统地说"你真好""我真的喜欢你"，而是要有具体的内容，如"我欣赏你的坦率、不做作"或"我喜欢你刚才说的那些话，很真诚"。

4 要养成在第一时间给别人以肯定的习惯。不要在有事求人时才去称赞别人，太过功利的赞美让人怀疑、厌恶和不屑。

|自我成长屋|

小朋友们，回想一下自己的经历，请回答下面的问题：

1.你有没有渴望过父母、老师或同学的赞美？

_____

2.你有没有观察过，自己学得好的科目，总是与善于鼓励你的老师分不开？

_____

3.在做一件不熟悉、不擅长的事情时，你是否非常希望得到指导者的表扬和肯定，以帮助自己更有信心地做事？

_____

4.和你关系好的人，会是经常批评你的人吗？

_____

对于上面4个题目，你现在有什么发现？跟你的伙伴分享一下吧。你如果感受到了赞美的作用，就遵循一定的原则和方法去赞美你身边的人吧！

2 学会做个倾听者

糖宝在班里被同学称为"知心姐姐"，每次班级评选活动中糖宝都能得到很多同学的支持。但同学敏敏非常不服气。她找到老师，诉说了自己的想法。老师请她多观察糖宝，看看为什么大家那么支持她。

过了一阵子敏敏发现，糖宝的"知心姐姐"称号真不是白得的，她非常善于倾听同学们的小烦恼，连敏敏自己也越来越愿意和她聊天了。

最有价值的人，不一定是最能说的人。有人说：老天给我们两只耳朵、一张嘴，本来就是让我们多听少说的。你觉得呢？让我们一起了解倾听的重要性吧。

心灵故事汇

　　曾经，有一个小国的使者到中国来，向皇帝进贡了三个一模一样的金人，金人雕刻精致，皇帝见了很是喜欢。可是这个使者的目的并不这么简单，他同时出了一道题目：这三个金人哪个最有价值？

　　皇帝想了许多办法，请来珠宝匠检查，称重量，看做工，都是一模一样的。这可怎么判断呢？使者不停地询问皇帝是否有了答案，好回去禀报。泱泱大国，不会连这个小事都不懂吧？

　　最后，有一位老大臣说他有办法。

　　皇帝将使者请到大殿，老臣胸有成竹地拿出三根稻草，第一根稻草插入第一个金人的耳朵里，这稻草从另一边耳朵出来了；插入第二个金人的稻草从耳朵插进去后，从嘴巴里掉出来；而插入第三个金人的稻草从耳朵进去后掉进了肚子，什么响声也没有。于是老臣给出答案：第三个金人最有价值！

　　使者表示答案正确，心悦诚服。

　　　　请你们认真思考一下：为什么第三个小金人最有价值？

能量补给站

什么是倾听？

　　倾听一是指侧着头听；二是指细听、认真地听。出自《礼记》：立不正方，不倾听。孔颖达疏：不得倾头属听左右也。

"倾听"有哪些重要作用呢？

　　1.倾听可以帮助我们获得更多信息。用心听别人说话的内容，我们可以掌握尽可能多的信息，这有利于我们清晰地认识事物，处理、解决问题；通过倾听不同的人说话，可以收获不一样的看法、不一样的能量。

　　2.倾听体现了对别人的尊重。坚持倾听，我们可以不断地丰富自己，同时交到很多朋友，获得友谊。

如何做一个有效的倾听者呢？

1.在倾听的过程中，适时地给说话人一个恰当的示意。示意可以是一句回应的话、一个动作或一个微笑等，这表示你在听，而且你在用心地听，这是对说话人的理解和尊重。

2.在倾听的过程中，要集中注意力。经常与说话人有眼神交流；随时注意对方说话的重点；等对方说到关键点时，用点头示意或打手势的方式，鼓励对方说下去，让对方知道你在用心倾听。

3.在倾听的过程中，不轻易打断别人的话。随意打断别人的话，是一种没有教养和不礼貌的行为。在遇到特殊情况不得不打断对方谈话时，你说完后一定要帮助对方恢复被你打断的思路。

卡耐基说：你如果希望成为一个善于谈话的人，那就先做一个善于倾听的人。建议大家在生活中运用倾听的方法，向第三个小金人学习，做一个善于倾听的人。

自我成长屋

我们可以从眼神、表情、动作以及言语四方面辨识不良的听说行为和良好的倾听行为。那么，我们在倾听时，应该在这四个方面表现出什么样的状态呢？认真观察一下他人的表现，与你的同伴讨论一下，试着将下表填写完整吧。

倾听时的状态

	不良的听说行为	良好的倾听行为
眼神	看别的地方，目光呆滞、无神、东张西望	保持适当的目光接触
表情		
动作		
言语		

3 学会拒绝 不合理的要求

糖宝正在写作业。今天老师留了很多作业，她看起来一时半会儿写不完作业。

正在这时，糖宝的好朋友小丽来找她一起出去玩儿。

心灵故事汇

　　季美林在《季美林谈人生》一书中写道：能够百分之六十为他人着想，百分之四十为自己着想，他就是一个及格的好人。

　　我国著名的近现代绘画大师齐白石曾面临过不懂拒绝而身心受累的情况。

　　在他成名后，前来上门求画的朋友络绎不绝。看到齐白石说话温和有礼，那些求画的人提的要求一个比一个奇葩，他每天都忙得不可开交。

　　即使这样，他也不拒绝任何人的要求。他不想失了面子，让别人觉得成名后的自己难相处。

　　结果长时间的劳累，让他生了一场大病。在休养期间，他反思自己，觉得人生不能这样，要学会拒绝不合理的要求。

　　在大病初愈后，他就发了一段明码标价的文字。

　　卖画不论交情，君子有耻，请照润格出钱。花卉加虫鸟，每一只加十元；藤萝加蜜蜂，每只加二十元。已出门之画，回头补虫，不应；已出门之画，回头加题，不应。

　　在这之后，来求画的人不仅没有减少，反而都是诚意满满，重金求画。他们钦佩齐白石做人的真实，也没有出现之前那种乱提要求的情况。

　　齐白石懂得拒绝不合理的要求，没有让自己绘画的艺术价值变成不值一钱的世故人情。

能量补给站

你有没有因为要拒绝他人而感到比较纠结的时候？纠结于拒绝会伤害双方关系，不拒绝会委屈自己？我们往往把拒绝的事情和拒绝的人捆绑到了一起，认为拒绝事件就是拒绝对方本人。事实上并非如此，我们把事件和人区分来看就好了（如下图所示）。我们可以告诉自己，我是拒绝了这个事情，这并不影响我和对方的关系。

其实拒绝不只是我们拒绝他人，还涉及他人对我们的拒绝。当面对他人的拒绝时，我们同样需要知道，他人拒绝的是事件而不是我们这个人。

自我成长屋

请在下面题目中选择出你认为合适的拒绝方式。题目没有对错之分，每道题目可以多选，也可以单选，只需要把你选择的理由与父母讨论即可哦！

拒绝他人小测试

1.当我不能接受对方的邀请时

A.拒绝他人

B.委屈自己接受邀请

2.当我决定拒绝他人时，我会

A.大声呵斥，吓跑对方

B.找一个对方可以接纳的理由告诉对方

C.充分考虑对方感受，陈述自己拒绝的真实原因

D.用友好的态度与对方沟通，得到对方的理解

3.当他人拒绝我时，我会

A.记恨对方，以后不会再和他做朋友

B.告诉自己对方可以有自己的选择，我尊重他

C.担心自己被拒绝，不会再主动和他人交往

D.告诉自己没关系，我还可以找其他的朋友

4 换个位置想一想

在学校组织的4×100米接力比赛中，糖豆所在班级的前三名持棒者都跑在第一名，到第四棒时，因小波掉棒而无缘团体第一名。

能量补给站

你知道吗？理解他人的能力我们每个人从很小的时候就有了。心理学家通过研究发现，9个月的婴儿可以理解他人的不同愿望，18个月的婴儿就可以理解自己与他人有不同的愿望或喜好了。

换位思考是我们在成长过程中理解他人能力的进一步发展，大多数时候，我们总是站在自己的角度去思考问题。孔子曾经说过：己所不欲，勿施于人。我们假如能换一个角度，尝试站在他人的立场上去思考，就会发现自己多了一些理解和宽容，改善和拉近了人与人之间的关系。

下面这幅图片中，你看到了什么？两个女孩的侧面像，还是一个花瓶？相信你已经发现，关注点不同，看到的图案便不同。

读到这里，你了解换位思考了吗？你看到过哪些换位思考的小故事呢？和你的小伙伴说一说吧！

|自我成长屋|

游戏一：

请你用双手搭出一个"人"字给朋友看，你觉得他会猜出来吗？

游戏二：

趁周末的某一天，你和爸爸或妈妈换角色试试吧，第二天说说你的发现和感受。

游戏三：

　　和爸爸妈妈一起讨论，遇到下面的情况，你们会怎么处理呢？

1.在与朋友交往中遇到问题的时候，我都会换位思考

A.经常会　　　　B.偶尔会　　　　C.从不会

2.上课时，同学分享的内容我不感兴趣，我会

A.觉得索然寡味，做自己的事　　B.没有多大兴致，但不会说出来

C.很认真地听完

3.当家人与我产生分歧时，我会换位思考，冷静分析问题的原因

A.经常会　　　　B.偶尔会　　　　C.从不会

4.当老师批评我时，我的反应是

A.不吱声，心里想老师针对我

B.老师关注我，批评是指出我有待改进的方面，为我好

5.当和别人发生争论时，我一般会

A.不思考，继续和对方争论　　　B.经过自己的思考，继续争论

C.想想对方与我争论的根源

6.在处理事情时换位思考能给我带来

A.增加人气　　　　　　B.容易处理矛盾事件

C.提高自己的修养　　　D.啥都没有

感受分享的快乐

　　明天是糖豆班级全体秋游的日子，糖豆开心极了。放学后，他兴冲冲地跑进超市里挑选食品，往购物篮里扔进了巧克力、果冻、薯片、汉堡和炸鸡块儿等一大堆零食，为明天的活动做准备。

　　晚上睡觉前，糖豆把零食装到书包里，整整一大包，然后安心地去睡觉了。

心灵故事汇

一位钓鱼高手对钓鱼很有研究，总结出了很多好方法，每次钓鱼总能满载而归。一天，他外出钓鱼的时候，看见周围的人都没有什么收获。于是，他就和钓鱼的人聊起经验，并亲自给他们做示范，将自己平时总结的钓鱼好方法一一教给大家。钓鱼的人使用他传授的钓鱼秘诀，果然都大有收获。

这位钓鱼高手把所有的时间都用来指导垂钓者了，自己居然没有时间钓鱼。但是，经他指点过的人们都很感谢他，你一条我一条地送给他，他收获了满满一筐鱼。

小朋友们，这位钓鱼高手失去了什么？又得到了什么？

能量补给站

乐于分享有什么好处？

1 能加强人脉连接。学会分享，其他小朋友会乐于与你交往，你的朋友会越来越多。

2 分享不是失去，而是互利。分享体现了自己对别人的关心和帮助，别人也会关心和帮助自己。

3 分享让你更快乐。乐于分享的同学能够从分享中得到快乐，也可以从被分享者的喜悦表情中收获更多的喜悦。

4 分享可以带来很多好运。如同学知道你乐于分享后，会非常喜欢和你做朋友，你会因此得到很多新的交往机会。

可见，分享是一种良好的行为，能够帮助我们体验到积极的情绪，并学会人际交往。

自我成长屋

　　善于分享的人是最幸福的。请大家来当当小法官，看看他们会分享吗？选择下面话题中你感兴趣的部分，与你的同伴或家人讨论，看看他们怎么做最合适？

怎么做最合适？

　　1.琳琳把一本自己非常喜欢的书送给了好朋友涵涵，但是涵涵没有给琳琳回送一本，琳琳觉得自己吃亏了。

_____

_____

　　2.轩轩把新钢笔借给同学用，同学给弄丢了。回家后，妈妈狠狠地批评了他，以后轩轩再也不敢把东西借给别人用了。

_____

_____

　　3.小雨曾经跟好朋友分享过小秘密，朋友却告诉了别人，让大家都知道了，这害得小雨很没面子。

_____

_____

　　一份快乐，两个人分享，就变成了两份快乐；一份痛苦，两个人分担，就变成了半份痛苦。共同享受快乐，共同承担痛苦，才会获得真正的友谊。温暖和快乐从分享开始，祝愿你在今后的人际交往中越来越轻松自在，交上更多好朋友！